A LA VILLE

ET

A L'ARRONDISSEMENT D'ABBEVILLE

HOMMAGE ET SOUVENIR RECONNAISSANTS

Vᵗᵉ DE POLI,

Ancien Sous-Préfet d'Abbeville

UN MARTYR DE LA PATRIE

RECHERCHES SUR RINGOIS D'ABBEVILLE

Vᵀᴱ Oscar de POLI

UN MARTYR DE LA PATRIE

RECHERCHES SUR RINGOIS D'ABBEVILLE

« Partout où vous voyez une légende,
vous pouvez être sûr, en allant au
fond des choses, que vous trouverez
une histoire. »

VALLET DE VIRIVILLE.

« En histoire comme en critique, le
scepticisme a du bon ; mais très-sou-
vent la foi vaut mieux. »

HENRY HOUSSAYE.

PARIS

E. DENTU, LIBRAIRE-ÉDITEUR

PALAIS-ROYAL, 15-17-19 (Galerie d'Orléans)

1879

UN MARTYR DE LA PATRIE

RECHERCHES SUR RINGOIS D'ABBEVILLE

> « Partout où vous voyez une légende,
> « vous pouvez être sûr, en allant au
> « fond des choses, que vous trouverez
> « une histoire. »
>
> VALLET DE VIRIVILLE.
>
> « En histoire comme en critique, le
> « scepticisme a du bon ; mais très-
> « souvent la foi vaut mieux. »
>
> HENRY HOUSSAYE.

I

Abbeville, la cité fidèle [1], a sa légende glorieuse, obscure comme toutes les légendes : le martyre d'un de ses enfants qui voulut mourir plutôt que de faillir à la foi jurée, plutôt que de trahir son roi, plutôt que de renoncer à la patrie française. « Rome lui eut élevé des statues, a dit un éminent écrivain ; chez nous, peuple oublieux que nous sommes, son nom

[1] La devise d'Abbeville, éloquemment concise et justifiée par son histoire, porte ce seul mot : *Fidelis*.

est à peine connu en dehors de sa ville natale. »

Aux jours de son agonie, la Grèce, courbée sous la domination romaine, puisait encore dans les souvenirs de son passé de viriles consolations, un patriotique orgueil; ses philosophes, le flambeau de l'histoire à la main, illuminant les ténèbres et les ruines, faisaient revivre les grandes figures d'autrefois, comme la leçon du présent, comme la vision de l'avenir. Athènes, Sparte, Thèbes étaient déchues, mortes: Codrus [1], Lycurgue, Léonidas, Epaminondas, immortalisés dans la gloire par un culte filial, étaient toujours vivants aux yeux du peuple. L'injure de l'oubli n'infligeait pas à ces prodigieux ancêtres une sorte de martyre posthume; la poussière des âges n'atteignait pas les monuments consacrés à leur héroïsme.

Plus que la Grèce la France a produit de ces hommes qui sont l'honneur et l'exemple d'une race, d'une cité, d'une nation: nous avons nos Régulus, nos Curtius [2], nos Décius [3], « mais. dit un vieil historien, une certaine négligence qui est en nous,

(1) L'oracle ayant déclaré que, dans la guerre faite par les Doriens aux Athéniens, la victoire serait à celui des deux peuples dont le chef serait tué, Codrus se dévoua volontairement pour Athènes en se jetant au plus fort de la mêlée.

(2) Un large gouffre s'étant ouvert au milieu du forum, et l'oracle ayant déclaré qu'il ne se refermerait que lorsque Rome y aurait jeté ce qu'elle avait de plus précieux, Curtius, déjà célèbre par ses exploits, se précipita tout armé dans l'abime.

(3) Dans une bataille contre les Latins, Décius Mus, se dévouant aux dieux infernaux afin d'assurer la victoire aux Romains, s'élança au cœur des rangs ennemis, où il tomba percé de coups.

d'apprendre plutôt les singularités des étrangers, nous les fait ignorer [1]. »

Le scepticisme des modernes historiographes a fait table rase des légendes dont les anciens annalistes sont parsemés ; il n'a fait grâce qu'aux évènements incontestables ; il a négligé par système tout ce qui lui semblait romanesque, et souvent même il a retranché fort mal à propos tout ce qui faisait le fonds de la vieille opinion publique. En voulant tout épurer, dit M. Paulin Paris [2], il a tout desséché. La légende de Ringois d'Abbeville n'a pas échappé à la condamnation : en dehors des auteurs locaux, pas un historien français, pas un n'a jugé digne d'une parole de souvenir et d'éloge ce martyr de la patrie, aussi grand pourtant que les héros à qui la Grèce et Rome décernaient l'immortalité. Mais le peuple, « toujours fidèle dans sa mémoire » [3], n'a pas répudié la légende ; il l'a gardée pieusement comme une page glorieuse de son passé, et, je dois le dire, une fois de plus en approfondissant ce problème historique j'ai constaté que la légende, la tradition, c'est-à-dire la mémoire du peuple, avait raison contre le silence dédaigneux des historiens, contre les doutes du scepticisme.

La tradition veut qu'après le traité désastreux de Brétigny, — qui livrait à l'Angleterre avec d'autres terres françaises le comté de Ponthieu, — Ringois d'Abbeville, ayant refusé de se soumettre au vain-

____

(1) Le P. IGNACE, *Hist. Gén.*, p. 387. — Le lecteur trouvera à la fin de cette étude un index des auteurs et ouvrages cités.

(2) *Grand. Chron.*, t. I. p. XXVI.

(3) C. F. LOUANDRE, *Hist. d'Abb.* t. I, p. 19.

queur, ait été conduit à Douvres par les ordres
d'Edouard III, sommé de prêter à ce prince le
serment de fidélité, et, sur ses fières dénégations,
précipité dans la mer; — action mémorable, digne de
compassion et d'admiration, plus sublime que le
dévouement d'Eustache de St-Pierre à l'envi célébré
par l'histoire, par la muse, par le burin, encore que
le héros de Calais ait eu la vie sauve, encore qu'il ait
ensuite accepté les présents d'Artaxercès et prêté à
l'Anglais victorieux le serment que refusa le héros
d'Abbeville [1].

J'ai eu la pensée d'étudier la question, de creuser
le problème, d'appeler l'histoire au secours de la
légende, afin de faire la lumière et d'établir ou
l'erreur ou la vérité de la tradition. Je me suis mis
avec ardeur à ce travail de recherches, n'épargnant
ni les heures, ni les laborieuses compulsations, et j'y
étais encouragé par le sentiment que j'accomplissais
envers un martyr un devoir de justice, envers une
noble ville un devoir de gratitude. J'en suis récom-
pensé dans la mesure presque parfaite de mes vœux;
le lecteur appréciera si j'ai eu raison d'en appeler des
historiens à l'histoire et si cette modeste étude élucide
la question au point de restituer à la cité fidèle, à la
terre de Ponthieu, la pleine et incontestable possession
de leur héros; mais, avant de donner le résultat de
mes recherches, il ne sera pas sans intérêt d'exposer
dans quelles circonstances je fus induit à les entreprendre.

(1) Sur Eustache de Saint-Pierre, voyez GAILLARD, t. II,
p. 392.

II

Au mois d'août 1876, M. le Sous-Préfet d'Abbeville, présidant la distribution des prix de l'Ecole primaire, fit de « la patrie » le thème de son allocution, et je me souviens qu'ayant cité Simonide, le poëte aimé des Dieux : « Point de bonheur complet, si la patrie n'est libre et glorieuse ! » et saint Augustin : « Il n'existe ni terme ni mesure pour un bon citoyen dans son dévoûment à la patrie ! » le magistrat offrit pour modèle aux enfants du peuple abbevillois Ringois, leur ancêtre, qui, lorsque la France était malheureuse, avait donné sa vie pour lui demeurer fidèle. « J'ai cherché, ajouta-t-il, dans votre belle et intelligente cité un monument, une inscription qui rappelât à la génération présente, aux générations à venir, ce dévoûment sublime. J'ai trouvé, sur une de vos places, une superbe statue de bronze élevée au talent d'un musicien célèbre [1] ; je n'ai rien découvert, sauf le nom d'une humble rue et d'un obscur passage, qui glorifiât l'héroïsme de Ringois. Eh bien ! qu'une généreuse initiative organise une souscription pour lui donner sa statue, et tous, j'en suis certain, tous

---

(1) J. F. Le Sueur, né près d'Abbeville, mort en 1837, professeur au Conservatoire, auteur d'opéras, d'oratorios et de motets.

jusqu'au plus pauvre ouvrier d'Abbeville, y voudront apporter leur patriotique et filiale obole. Oui, le héros légendaire, le Régulus du Ponthieu, le Français qui sacrifia stoïquement sa vie plutôt que d'abjurer la foi nationale, Ringois sera publiquement honoré par une manifestation solennelle, et le monument consacré à sa gloire par la piété patriotique deviendra pour vous, mes jeunes amis, et pour les générations futures, le prestigieux enseignement de ce que, dans tous les temps, un Français doit à son pays. »

De chaleureux applaudissements répondirent à ces paroles, et, le jour même, se rendant à d'honorables instances, M. le Sous-Préfet s'attachait à la constitution d'un comité de souscription qui bientôt compta cent membres, parmi lesquels Messieurs l'amiral de Dompierre d'Hornoy et le vicomte de Rainneville, sénateurs de la Somme ; le vicomte Blin de Bourdon, le comte de Douville-Maillefeu, Jametel, Labitte, Magniez, Mollien, le baron de Septenville, députés ; Courbet-Poulard, le vicomte de Rambures, anciens députés ; Béthouart, Brulé, Delattre, Dupuis, Frichot, du Grosriez, Prarond, membres du Conseil général ; Hecquet, des Mazis, anciens conseillers-généraux ; le vicomte de Bonnault, Depoilly, Devismes, Ducorroy, Froment, Hocquet, Loisel, du Maisniel de Saveuse, le baron de Monnecove, Roussel, Henri Van Robais, conseillers d'arrondissement ; Pierre Sauvage, maire d'Abbeville, E. Delignières et François, adjoints ; l'abbé Voclin, curé archiprêtre de Saint-Vulfran d'Abbeville ; Monchaux, président du Tribunal de Commerce ; Vayson, président de la Chambre de Commerce d'Abbeville ; Pierru, président du Tribunal de Commerce de Saint-Valery; de Villers, président du Comice agricole de l'arrondissement; Charles Louandre, homme de lettres; le président de la Société littéraire d'émulation; les présidents des cercles d'Abbeville; des maires, des membres du Conseil municipal d'Abbeville, des ecclésiastiques, des publicistes, des manufacturiers, des négociants, des agriculteurs, etc.

Le 2 octobre 1876, à l'Hôtel-de-Ville, eut lieu la première réunion du Comité de souscription, à laquelle cinquante membres assistèrent.

« Messieurs, leur dit M. le Sous-Préfet, vous savez dans quelle pensée vous vous trouvez réunis, sur le terrain doux et solide du patriotisme, en dehors de toutes les questions qui divisent malheureusement les hommes le mieux faits pour s'apprécier. Vous voulez rendre un solennel et durable hommage à la glorieuse mémoire d'un ancêtre qui, pensant comme le poète : *Dulce et decorum est pro patriâ mori !* [1] donna fièrement sa vie, lui, l'enfant de la cité fidèle, pour demeurer fidèle à la patrie française. Ringois, tel que nous le montre la légende populaire, fut de ces hommes de qui les dévouements, obscurs et sublimes, doivent être remis en lumière pour être offerts en exemple, pour féconder dans les âmes le sentiment du devoir, l'instinct de l'honneur, le mépris de l'intérêt personnel, le courage du sacrifice, toutes les mâles vertus qui seules font les nations dignes de la victoire et de la liberté. Un pays, une cité s'honore à glorifier ses héros, à exalter ses martyrs, et les monuments que leur consacre l'admiration de la postérité deviennent, pour le bien de la patrie, une

---

(1) HORACE, Livre III, Ode II.

semence impérissable de généreuses actions. Soyez certains, Messieurs, que le peuple abbevillois est tout entier de cœur avec vous, et qu'il applaudit unanimement à votre patriotique entreprise, comme il applaudissait mes paroles, lorsque, dans une récente solennité, je donnais Ringois pour modèle à ses enfants. »

Après avoir exposé dans quelles conditions, de concert avec l'honorable maire d'Abbeville, il avait procédé à la formation du comité, M. le Sous-Préfet conclut en ces termes :

« Une question préjudicielle s'imposera tout d'abord à votre attention : la discussion approfondie du fait historique qu'il s'agit de mettre en honneur. Je vous propose enfin, Messieurs, de procéder immédiatement à l'élection de votre président, des vice-présidents, des secrétaires, du trésorier, et d'une commission à laquelle vous jugerez peut-être bon de déléguer tout ou partie de vos pouvoirs. »

Le bureau fut composé comme il suit :

Président . . . . M. le Maire d'Abbeville.

Président honoraire. M. le Sous-Préfet d'Abbeville.

Vice-Présidents . . MM. Vayson, président de la Chambre de Commerce. du Grosriez, conseiller général.

Secrétaires . . . . MM. François, adjoint ; Huré, conseiller municipal.

Trésorier. . . . . M. Monchaux, banquier, président du Tribunal de Commerce.

Membres.	MM. C. Louandre, Prarond, Marcotte, l'abbé Voclin, le vicomte d'Applaincourt, Sorez, Béthouart, Bellettre, Lefebvre de Villers, A. Ricquier, Watel, Courbet-Poulard.

La souscription fut ouverte séance tenante, et une première liste se couvrit rapidement de libérales offrandes auxquelles se joignirent bientôt celles du vénérable évêque d'Amiens, de M. le marquis de Querrieu, de M. le marquis de Valanglart, de M. de Zolikoffer, président de la Société des courses d'Abbeville, de M. du Liége d'Aunis, maire d'Arrest, de M. de l'Etoile, maire d'Argoules, de MM. d'Arras, maire de Saint-Valery, Gamain, imprimeur, Chérest, ancien principal du Collége, le vicomte de Valanglart, président du sport nautique, Gui bart, président du cercle du commerce, Henri Gavelle, Abel Degory, Ernest Robin, directeur de la sucrerie d'Abbeville, Delepierre, directeur du Comptoir linier, Ch. Guerville, maire de Fressenneville, Marcotte, conservateur de la bibliothèque d'Abbeville, Ch. Sombret, maire de Crécy, Bertrand, Sinoquet, membres du Conseil municipal, les curés-doyens de Crécy, Ault, Nouvion, Ailly-le-Haut-Clocher, Corbel, maire d'Ailly, Jean de Neufbourg, Eloi de Vicq, Ferdinand Quesnel, Bouzard, maire d'Ault, etc.

M. Charles Louandre était naturellement désigné par la notoriété de son talent d'écrivain pour l'étude de la question historique; il accepta cette mission délicate et se mit sans tarder à l'œuvre. — Les journaux d'Abbeville et du département annoncèrent la souscription dans les termes les plus sympathiques, et le *Progrès de la Somme*, en exhumant une tragédie du siècle dernier, *Ringois ou le citoyen d'Abbeville*, contribua à populariser l'entreprise. En même temps, un jeune fonctionnaire en résidence à Abbeville, M. Léonard Kermorvan, écrivait avec l'ardeur de la jeunesse et de son cœur de Breton un drame patriotique: *Ringois vengé* [1].

Il convenait, en effet, de venger Ringois du doute non moins que de l'oubli; car le doute se formulait en propositions et en objections qui, pour être contradictoires, n'en avaient pas moins la plupart un caractère sérieux. Je vais les résumer:

Ringois s'appelait « d'Abbeville », mais il était de l'Artois.

Il s'appelait Rorgon ou Rogon et était de la famille d'Abbeville; *Ringois* était la forme populaire du prénom *Rorgon*.

Ringois était le nom de famille d'un bourgeois d'Abbeville.

Ringois était un meunier d'Abbeville.

Ni Froissart ni aucun chroniqueur contemporain ne parle de Ringois ou Rorgon d'Abbeville.

Les archives municipales sont muettes sur Ringois.

Le Père Ignace Sanson, historien des comtes de Ponthieu et des maïeurs d'Abbeville, rapporte le trait de Ringois, mais il se réfère à Jean Chartier « auteur sincère », et l'on ne trouve dans les écrits de Jean Chartier rien qui ait trait à Ringois.

Le même historien dit que Ringois fut jeté du

(1) Représenté, le 30 novembre 1877, au théâtre d'Abbeville.

château de Douvres dans la mer, et le château de Douvres n'est pas au bord de la mer [1].

De là à inculper le pauvre Père Ignace de vanité de clocher et de faux historique il n'y avait qu'un pas, et il était à craindre que le pas ne fût franchi. Déjà d'aucuns inclinaient à considérer la mort héroïque de Ringois d'Abbeville comme un conte du bon vieux temps, à peu près aussi authentique que les prouesses des quatre fils Aymon ou les gentillesses du petit Jehan de Saintré et de la dame des Belles Cousines. Et cependant, à l'heure même où le doute se faisait jour, les feuilles de Paris applaudissaient à la souscription destinée à perpétuer la glorification de Ringois, et un livre excellent, écrit pour les écoles primaires et régimentaires, un livre tout imprégné de foi patriotique, le *Plutarque de l'armée française*, ravivait en des termes émouvants le souvenir de cette fin magnanime :

« J'arrive aux héros et je commence par le XIVe
« siècle.

« Un bourgeois d'Abbeville : il est presque inconnu.
« Pris par les soldats d'Edouard, on lui offre sa
« liberté, s'il veut prêter serment de fidélité au roi
« d'Angleterre ; il refuse. Conduit à Douvres, on le
« menace de mort : peine inutile ; on l'entraîne alors
« sur la plate-forme de la forteresse de la ville, et on
« le fait monter tout en haut du dernier parapet, d'où

---

(1) Je note cet argument pour ce qu'il vaut. « Au sommet d'un rocher fort escarpé, dit un ancien géographe, est le château de Douvres, que l'on croit avoir été bâti par les Romains et qui commande cette rade. » (BRUZEN DE LA MARTINIÈRE, *Dict. Géogr.*) La suite de cette étude fera plus amplement justice de l'objection.

« il aperçoit l'immensité des eaux prêtes à l'engloutir !
« Un mot, un seul mot de soumission, et il est sain
« et sauf; sinon, il va être jeté à la mer. Inébranlable
« dans sa résolution, se sentant incapable de renier
« son pays, c'en est fait de lui : des soldats appliquent
« sur sa poitrine la pointe de leurs lances, et préci-
« pitent dans les flots celui dont je demande le nom.
« Réponse : *Ringois, mort en 1360* [1]. »

III

Pour que le lecteur, — *judicis officium est,* —
puisse juger en connaissance de cause, il convient de
mettre sous ses yeux toutes les pièces du procès et de
remonter le cours des temps en recueillant çà et là
tous les documents de nature à éclairer sa reli-
gion.

En 1874, dans ses précieuses *Recherches généalogiques* [2], M. de la Gorgue-Rosny citait « Ringox d'Abbeville, seigneur de Boubers, jeté dans la Tamise par
ordre du roi d'Angleterre, en 1364, (le même, croit-
on, que le célèbre Ringois, bourgeois d'Abbeville),
père de Gérard de Boubers.... »

(1) E. A. Tarnier, docteur ès-sciences, *Plutarque*, p. 12.
(2) T. I, p. 218.

La *Revue des Deux-Mondes* disait, le 15 juillet 1873 :

« Les habitants d'Abbeville, à toute époque, ont par leur inviolable attachement à la cause nationale justifié l'honorable devise de leurs armoiries : *Fidelis.* L'un d'eux, un obscur bourgeois du XIVe siècle. Ringois, s'est même élevé à la hauteur des plus grands dévoûments de l'antiquité. Abbeville et le Ponthieu ayant été cédés à l'Angleterre par le traité de Brétigny, de continuelles révoltes éclatèrent contre la domination de l'étranger; Ringois, qui s'était mis à la tête du mouvement, fut pris dans une émeute, et les Anglais l'amenèrent à Douvres; ils lui offrirent la liberté s'il consentait à prêter serment à Edouard III, en l'engageant à user de son influence auprès de ses concitoyens pour leur faire accepter l'autorité de ce prince. Ringois fut-inflexible; on le conduisit alors chargé de fers au sommet de l'une des tours du château de Douvres. « Reconnaissez-vous pour maître notre roi Edouard? demandèrent les Anglais en lui montrant les flots qui se brisaient au pied des murailles ! — Je ne reconnais pour maître que Jean de Valois ! » Et il fut à l'instant précipité dans la mer [1]. »

Dans son livre intitulé *Les bords de la Somme* et publié en 1861, M. J. P. Faber, secrétaire de la Société d'Emulation de Cambrai, consacrait au héros abbevillois cette notice :

« Ringois, citoyen d'Abbeville, a mérité une place dans l'histoire par le courage avec lequel il s'opposa aux Anglais en 1369, alors qu'ils étaient maîtres de la

---

(1) Ch. Louandre, *La France du Nord*, p. 327.

ville. A la suite d'une révolte, il fut saisi et conduit à Douvres dans une prison que baignaient les flots de la mer. Sommé, sous peine d'être précipité dans l'Océan, de prêter serment de fidélité au roi d'Angleterre, il s'y refusa et s'élança de lui-même dans l'abîme. L'antiquité offre peu d'exemples d'un pareil patriotisme [1]. »

L'année précédente, le même écrivain, dans ses *Veillées Picardes, Récits historiques et légendaires de la France*, avait déjà consacré à Ringois la notice suivante (page 69) :

« En 1369, excités par les exhortations de Ringois, un de leurs concitoyens (l'histoire heureusement a recueilli son nom), les habitants d'Abbeville tentèrent de se soustraire par la force des armes au joug d'Edouard III. Malheureusement cette tentative ne réussit pas. Ringois, principal auteur de ce soulèvement, en fut aussi la principale victime. Fait prisonnier par les Anglais, il fut conduit par eux à Douvres. Soit pitié, soit admiration pour son courage, ils voulurent lui accorder la vie, mais à la condition qu'il reconnaîtrait pour maître Edouard III, roi d'Angleterre, et jurerait de lui être fidèle. Il refusa sans balancer. Dans le but de vaincre sa résistance, on le conduisit au faîte de la tour élevée qui lui servait de prison et dont la mer venait battre le pied. On lui ordonna une seconde fois de faire le serment demandé, en lui promettant la vie sauve s'il obéissait. « Reconnaissez-vous pour maître Edouard III, lui dirent les soldats. — Non, cria-t-il, je ne reconnais que Jean de Valois, je m'appelle *Fidelis*. » A peine il achevait

____

(1) Ch. viii, p. 97. — Extrait communiqué par M. L. Kermorvan.

ces héroïques paroles qu'il était saisi à bras le corps et précipité dans les flots. Ce lâche assassinat nuisit plus à la cause des Anglais qu'elle ne leur fut utile, s'il est vrai, et il y a assez apparence, que le sublime courage de Ringois et la mort qui en avait été le prix, ayant été portés à la connaissance des Abbevillois, déterminèrent un nouveau soulèvement. Plus heureux cette fois, les efforts des citoyens et des milices furent couronnés de succès, et les Anglais, chassés de la ville, firent place aux troupes de Charles V qui en prirent possession. Ce prince, dit M. Louandre dans son excellente histoire d'Abbeville, anoblit le maïeur et les échevins, permit à la cité de dorer son écusson de fleurs de lys et d'adopter pour cri ou devise le mot *Fidelis*. Peut-être cette devise constitue-t-elle une allusion à la dernière et si héroïque parole de Ringois. »

Dans la première édition du *Nobiliaire de Ponthieu* [1], en 1861, M. le marquis de Belleval, donnant la filiation des sires d'Abbeville-Boubers, disait :

« Guillaume d'Abbeville mourut en 1316, laissant Ringoix. — Ringoix d'Abbeville, noyé à Londres en 1364, fut justement célèbre par cette fin tragique et par sa fidélité au roi de France, qui en fut la cause. »

En 1858, M. Ernest Prarond, Président de la Société littéraire d'Emulation d'Abbeville, insérait cette notice dans son livre: *Les hommes utiles de l'arrondissement d'Abbeville* [2].

(1) T. i, p. 1.
(2) P. 186, 187. — Je n'ai pu consulter les manuscrits de Sangnier d'Abrancourt, qui ne sont ni à la bibliothèque d'Abbeville, ni à celle d'Amiens, ni à la bibliothèque nationale.

« Ringois ou Rorgon. — Quelque temps avant la reddition de la ville au roi de France (c'est-à-dire avant 1369) suivant Jean Chartier, religieux de Saint-Denis, cité par Sangnier d'Abrancourt, quelque temps après suivant Formentin, les gens du roi d'Angleterre voulant par force faire prêter le serment à un honnête bourgeois de la ville nommé Ringois, contre le service du roi de France, et Ringois ayant refusé, lui lièrent pieds et mains et le firent conduire ainsi garotté en Angleterre où il fut mis en prison. Le fidèle Ringois, persistant dans son refus, fut jeté ainsi lié par une fenêtre du château de Douvres dans la mer, où il mourut comme bon et fidèle serviteur du roi de France. (Voyez sur Rorgon la *Chronique* de Rumet; sur Ringois, les manuscrits de Sangnier d'Abrancourt; Formentin: M. Louandre, *Histoire d'Abbeville*, t. 1ᵉʳ; enfin, dans l'*Histoire littéraire* (inédite) *d'Abbeville*, une notice sur la tragédie de *Ringois*). »

En 1851, dans sa séance du 21 octobre, le Conseil municipal d'Abbeville décidait qu'une des rues de la ville recevrait le nom de Ringois.

En 1850, M. Ernest Prarond, dans la 2ᵉ édition de ses *Notices sur les rues d'Abbeville* [1], disait:

« On connaît le dévoûment de notre arrière-compatriote Ringois. Défenseur ardent des franchises communales de sa ville, et fait prisonnier par les Anglais qui occupaient le Ponthieu, il fut précipité d'une tour de la forteresse de Douvres dans la mer, pour avoir refusé de prêter serment de fidélité à Edouard III. Ce trait de courage et de loyauté de

---

[1] P. 39.

notre aïeul, le moins connu parce qu'il touche aux temps héroïques de notre cité, le plus illustre s'il était donné à l'histoire de pouvoir toujours mettre en lumière les grandes actions, a fourni le sujet d'un tableau qui eut quelque succès à l'Exposition de 1844. Le *Journal d'Abbeville*, du 23 avril, s'exprimait ainsi à l'égard de ce tableau: «L'idée en fut suggérée, dit-on, au peintre par quelqu'un de nos concitoyens qui fréquentait son atelier. Ne serait-il pas convenable qu'une souscription fût ouverte, afin d'élever un monument à celui de nos compatriotes dont s'emparent ainsi à notre honte des étrangers, ou tout au moins que la ville fît l'acquisition du tableau de M. Serrur, ou en commande une copie, afin de consacrer un souvenir au grand homme dans la principale salle de l'Hôtel-de-Ville? » — « Ce monument, poursuit M. Prarond, qui ne sera jamais élevé dans notre cité, un humble comédien, nommé Delacour, tenta de l'élever dans ses vers,

> Monument de constance et d'intrépidité,
> Erigé dans les cœurs par le patriotisme,

ainsi qu'il le dit lui-même dans la tragédie dont nous allons parler. »

Ce n'est pas la seule fois que le pinceau ait célébré le dévouement de Ringois. « Notre peintre Choquet, dit M. Charles Louandre, lui a donné place dans le panthéon des illustrations abbevilloises. Le descendant de l'une de nos plus anciennes familles, M. le comte de Riencourt, a fait reproduire par un peintre habile la scène de sa mort, et le tableau qu'il a légué à notre ville est le tableau d'honneur de notre musée [1]. » Mais poursuivons notre revue rétrospective.

En 1844, dans son *Histoire d'Abbeville et du Comté de Ponthieu* [2], M. C. F. Louandre, correspondant du ministère de l'instruction publique pour les travaux historiques, père de l'écrivain de la *Revue des Deux-Mondes*, n'omettait pas de mentionner le sacrifice héroïque de Ringois :

« Les franchises communales donnaient aux habitants du Ponthieu le droit d'appeler au Parlement de Paris des jugements de leurs seigneurs. Le roi d'Angleterre qui venait de rentrer dans le comté comme souverain et non plus comme vassal, et qui d'ailleurs ajoutait chaque jour à ses prétentions, fit publier que l'appel à la justice royale de France n'aurait plus lieu, et que son sénéchal, en vertu du viie article du traité de Brétigny, jugerait seul en dernier ressort. Les habitants protestèrent ; mais loin de faire droit à leurs réclamations, on exerça contre eux de nouvelles rigueurs, et le pays fut bientôt prêt à la révolte. Un riche bourgeois d'Abbeville, Ringois, se distingua dans cette lutte par un acte de dévoûment qui rappelle les temps antiques. Ringois fut arrêté dans une émeute et l'on tenta vainement de le délivrer. Les officiers anglais exigèrent qu'il prêtât serment de fidélité à Edouard, et qu'il fit servir son influence à consolider la domination anglaise : mais il refusa obstinément, et fut conduit dans la forteresse de Douvres. Là, on le plaça debout sur le parapet d'une tour qui dominait la mer. — Reconnaissez-vous pour maître Edouard d'Angle-

(1) *Notice*, p. 20.
(2) T. i, p. 263-264.

terre? lui cria-t-on; Ringois répondit : « Non, je ne reconnais pour maître que Jean de Valois. » Et il fut à l'instant précipité dans les flots; ses compatriotes résolurent de le venger, ils avaient d'ailleurs à punir des excès sans nombre. »

En 1842, dans les *Archives historiques de la Picardie et de l'Artois*, M. P. Roger avait donné succinctement le même récit :

« Vers 1369, Ringois, bourgeois d'Abbeville, excitait ses concitoyens à secouer le joug de l'Angleterre. Emprisonné et conduit au château de Douvres, Ringois fut placé par les Anglais sur les hauts parapets de la forteresse qui dominaient la mer. « Voulez-vous, lui dit-on alors, reconnaître pour maître le roi Edouard III ? — Non, dit Ringois, je ne reconnais que Jean de Valois ! » Les Anglais le précipitèrent dans les flots. »

Notons qu'en 1369 Jean de Valois était mort depuis cinq ans.

En 1841, M. le comte de Boubers-Abbeville, membre de la Société des Antiquaires de Picardie, faisait généreusement don au Musée d'Amiens de la belle pierre tumulaire de Robert de Bouberch, chevalier, sire de Chepy, et, l'année suivante, il publiait une notice intitulée: *Détails historiques, généalogiques et héraldiques sur Robert de Bouberch et sur la maison du même nom* [1], dans laquelle il est dit que Hugues de Boubers-Tunc, dit *Gadifer*, vivant en 1347, « fut père de Jean II et de *Rorgon*, nom devenu par

____

(1) Dans le tome v des *Mémoires de la Société des Ant. de Picardie*, p. 55-82. — Tirage à part, Amiens, Duval et Herment, 1842, in-8°.

altération, dans le langage picard, *Ringoué* puis *Ringois*. La chronique de Rumet constate son identité avec ce Rorgon d'Abbeville qui, sur son refus de prêter serment de foi et hommage à Edouard III comme comte de Ponthieu, fut précipité de la tour de Douvres dans la mer en 1360 [1]. »

Outre la pierre tumulaire de Robert de Bouberch, on voyait au château de Long, il y a peu d'années encore, un tableau représentant la mort de Ringois. « J'ai vu moi-même ce tableau, écrivait M. Charles Devismes, un jour que M. de Boubers fils me faisait visiter son château.... et je crois même me rappeler que M. le comte de Boubers m'a dit en me montrant ce tableau que Ringois était de sa famille. » Le château de Long ayant été vendu en 1871, cette toile précieuse a malheureusement disparu et il n'a pas été possible de retrouver sa trace.

Le 27 décembre 1777, le comédien Delacour faisait représenter sur le théâtre d'Abbeville une tragédie, son œuvre, *Ringois ou le citoyen d'Abbeville*, imprimée l'année suivante « chez Devérité, seul imprimeur du Roi, rue Notre-Dame » avec cette épigraphe virgilienne :

Vincit amor patriæ laudumque immensa cupido !

Dans l'avant-propos le poëte dit au lecteur :
« J'ose présenter cette pièce au public sous l'auspice du patriotisme. Je ne prétends point en excuser les défauts : elle a été faite en très peu de temps, mais c'est ma faute. Des génies incomparable-

(1) *Mém.*, p. 72. — Tirage à part, p. 20-21.

ment au-dessus du mien ont passé bien plus de nuits
à traiter des sujets qui le méritoient moins. Il y a des
vers ressemblants : j'ai sans doute eu grand tort de
tomber dans un défaut qu'à peine on pardonne à
M. de Voltaire. Il y en a de très-faibles et en grande
quantité. J'avoue que le travail de la correction m'a
effrayé ; d'ailleurs, je tremblois d'être obligé de partir
d'Abbeville, sans y voir représenter *Ringois* et l'effet
qu'il produiroit dans sa patrie. »

Je m'arrête sur cette phrase, parcequ'elle me paraît
démontrer que Delacour fut bien véritablement l'auteur de la tragédie en question, et que M. le comte de
Boubers-Abbeville s'est trompé en l'attribuant à une
collaboration triple : « L'infortune de Rorgon, dit-il,
a été le sujet d'une tragédie jouée sur le théâtre
d'Abbeville où on voyait encore, en 1791, son nom
écrit en lettres d'or, au milieu d'une couronne
civique, peinte à la voûte du spectacle. Cette tragédie,
(œuvre de MM. Douville, Vincent de Tournon et
Linguet) lui suppose des enfants ; mais il n'eut qu'un
frère dont l'histoire jointe à la sienne va être le sujet
du reproche d'infidélité que mérite l'historien Froissart [1]. » Et ce frère, comme on l'a vu plus haut,
serait Jean II de Boubers-Tunc. Mais revenons à
Delacour.

« Le plan est trop simple, continue-t-il, l'intrigue
trop languissante. Je devois y mêler quelque épisode ;
le sujet, il est vrai, eût été altéré ; la vérité de
l'histoire que j'ai voulu rappeler y eût perdu ; mais la
pièce eût été plus amusante ; j'aurois plus amusé les

____

(1) *Mém. de la Société des Ant. de Pic.*, p. 73. — Tirage à
part, p. 21, note.

spectateurs et moins flatté les citoyens pour lesquels je l'ai composée. Elle a tant d'autres défectuosités que je demande grâce pour toutes en général. Je m'en serois même dispensé, non par orgueil mais par crainte d'ennuyer, si ce prologue ne me servoit d'introduction à une petite dissertation sur le trait d'histoire que j'ai vérifié tant bien que mal.... On ne connaît rien de la vie ni de l'état de Ringois, mon héros. Mais on s'est plu à supposer que c'étoit un boulanger ; selon d'autres, c'étoit un chapelier ; ceux-ci en font un serrurier, ceux-là en font un perruquier. Les uns le couvrent de farine, les autres de charbon. Ce qui est constant, c'est qu'il fut citoyen d'Abbeville et brave jusqu'à l'opiniâtreté. Régulus eut le même défaut, Fabricius étoit pauvre comme lui; aussi je ne les estime pas davantage. Je suis cependant bien fâché de n'être pas assez bon généalogiste pour trouver à mon Ringois quelques titres apparents de noblesse. Je sens que son extraction répandroit un grand lustre sur sa vertu.... Il est pourtant à présumer qu'écuyer ou bourgeois, il fut habile homme dans son métier, puisque le roi d'Angleterre ne dédaigna pas de le solliciter à se soumettre à sa domination. Ce bourgeois préféra la mort au joug anglais: qu'eût fait de plus un véritable gentilhomme? Abbeville, félicite-toi; un de tes moindres citoyens, si l'on veut, a donné à l'univers l'exemple du patriotisme et du courage... Il faut avouer que cet homme-là méritoit d'être toute autre chose qu'un artisan: le roi d'Angleterre s'en étoit douté. »

Plus loin, Delacour nous apprend que « le tableau qui sert de rideau d'avant-scène au théâtre d'Abbeville » représentait la mort de Ringois, et enfin que sa tragédie eût elle-même une fin tragique. Abbeville, disait le héros :

Abbeville, à ma mort, tu donneras des pleurs !

« Ce vers est faux, dit l'infortuné poète. J'ai mal vu; j'en demande excuse. »

Il y avait du souffle cependant et de l'ardeur dans cette pièce patriotique; mais le drame en était si pauvre, si lourd, et le nom de Dançons, — le soi-disant beau-frère de Ringois, — si malheureusement choisi, qu'Abbeville donna des rires à la mort du prétendu perruquier. Je reviendrai sur ce nom bizarre, mais le spectateur pouvait-il ne pas céder à une hilarité douce en entendant Adélaïde, femme de Ringois, la nouvelle Lucrèce, dire à son frère :

Dançons, le sang, l'honneur, l'amitié, la patrie,
Tous ces liens sacrés font le nœud qui nous lie !

Et le héros, dans sa prison, disant à son beau-frère, à l'instant solennel du supplice :

On approche ! O mon frère ! O mon ami ! Dançons !...

Ou bien encore l'épouse stoïque s'écriant :

L'honneur est un trésor qu'on ne peut réparer :
Il l'eût perdu, Dançons !...

En 1807, alors que c'était faire sa cour à César que de frapper sur l'Anglais, la tragédie de Delacour fut reprise au théâtre d'Abbeville; mais il ne paraît pas que cet appel ait eu gain de cause.

En 1765, parut l'*Histoire du Comté de Ponthieu*,

par de Vérité. « Chassés de tout le Ponthieu, dit l'historien à l'année 1369, les Anglais se retirèrent en Angleterre. Un bourgeois d'Abbeville, nommé Ringois, fut entraîné dans leur fuite et enfermé au château de Douvres. On lui proposoit pour prix de sa liberté de se soumettre à l'obéissance du monarque Anglais. Sa fidélité pour son prince légitime l'emporta sur la mort même. On le tenoit suspendu du haut d'une fenêtre de ce château sur la mer ; on le menaçoit de le lâcher s'il ne cessoit d'être opiniâtre ; il aima mieux être précipité dans les flots que de survivre traître à sa patrie. Exemple précieux de fidélité et de patriotisme, moins éclatant sans doute, mais non moins admirable en soi que celui du fameux maire de Calais ! Peut-être même Ringois poussa-t-il plus loin ce mépris si généreux de la vie pour sa patrie qu'Eustache de Saint-Pierre. Car enfin, que ce dernier ne se fût point offert au supplice, il auroit pu être enveloppé dans la proscription générale. Il n'aurait probablement point évité la mort qu'il bravoit avec tant de fermeté ; du moins il auroit été chassé de sa patrie comme tous les autres citoyens. Mais le bourgeois d'Abbeville n'avoit qu'un serment à faire qui malheureusement coûte si peu de nos jours ; il n'avoit qu'un mot à prononcer et sa vie étoit en sûreté ; peut-être même étoit-elle comblée d'honneurs [1].

La bibliothèque d'Abbeville possède l'*Histoire généalogique et chronologique des comtes de Ponthieu*, par D. F. Formentin, avocat, né à Abbeville le 1er juin 1715, mort en 1774, — manuscrit dont je

(1) DE VÉRITÉ, *Hist. du Comté de Ponthieu*, Londres, 1765, 2 vol. in-12, t. I, p. 226.

dois la communication à son obligeant conservateur, M. Marcotte.

« La surprise d'Edouard, dit l'auteur à l'année 1369, fut extrême quand il vit que Charles V en luy déclarant la guerre luy avoit aussy enlevé le Ponthieu. Il fit paroître pendant plusieurs jours une mélancolie noire, pendant laquelle il ordonna que tous les habitants du Ponthieu qu'il tenoit prisonniers lui prêteroient serment de fidélité comme à leur Roy, sinon qu'ils y seroient contraints par les tourments. La plupart se montrèrent inflexibles aux cruautés d'Edouard. Un d'entre eux nommé Rorgon ou Ringois, bourgeois d'Abbeville, fut précipité du château de Douvres dans la mer pour avoir refusé de trahir la foy qu'il devoit à son légitime souverain. »

En 1751, l'abbé Sallier, dans un mémoire destiné à faire justice du reproche de mauvaise foi que des historiens anglais adressaient à la mémoire du roi Charles V, disait :

« Ce ne fut pas là le seul exemple de violence dont usèrent les officiers du prince de Galles envers les sujets du roi. Un habitant d'Abbeville nommé Ringoys avoit appelé du sénéchal de Ponthieu au parlement de Paris : les Anglois le saisirent, le conduisirent à Douvres et le précipitèrent du haut d'un rocher dans la mer. Mille autres preuves de tyrannie, publiques dans ce temps-là, excitoient l'indignation et réclamoient la puissance de celui qui devoit délivrer ses sujets de l'oppression [1]. »

Enfin le père Ignace Sanson [2] écrivait en 1657 :

---

(1) *Mém. de l'Acad. des Inscr.*, t. XVII, p. 352. — Cette version est celle de Jean de Montreuil. Voy. le chap. XI.

(2) *Hist. Gén.*, p. 381.

« Pour témoigner de la fidélité de ceux d'Abbeville
au roy de France, nous lisons dans les anciennes annales de Jean Chartier, (autheur sincère, religieux de S[t]-
Denys) que les gens du Roy d'Angleterre voulant par
force faire prester le serment à un honneste bourgeois
d'Abbeville, nommé Ringois, contre le service du roy
de France, et iceluy ne le voulant faire, il fut mené
garroté en Angleterre, puis le mirent en prison, et
sans luy donner moyen ny à ses amis de déclarer sa
fidélité envers son prince, ils le jettèrent par une fenestre du chasteau de Douvre en la mer, où il
mourut constamment fidèle serviteur du Roy de
France. »

Nicolas Rumet, maïeur d'Abbeville, avait entrepris
en 1562 [1] une *Chronique* demeurée manuscrite, à
laquelle renvoyait M. Ernest Prarond. Un collection-
neur érudit, M. Auguste de Caïeu, juge au Tribunal
d'Abbeville, possédait un exemplaire de la Chronique
de Rumet qu'il eut la graciouseté de me prêter. On n'y
trouve rien sur Ringois; mais, à l'année 1369, une
note marginale renvoie aux pages du père Ignace
dans lesquelles se trouve le passage que je viens de
rapporter. Je conçus dès lors l'opinion que l'exemplaire de M. de Caïeu n'était qu'une copie abrégée de
l'œuvre de Rumet, et que la chronique intégrale ren-
fermait effectivement le récit de la mort de Ringois.
Il importait donc de retrouver un texte indubitablement complet de cette chronique, et de grands efforts
furent tentés dans ce sens, notamment par M. Fran-

(1) Rumet, *Hist. Pic.*, f° 265 : « Ann. 1562, 13 *aprilis, Nicol.
Rumetius, operius hujus author, calamum primum historiis appo-
suit conscribendis Abbavillæ.* »

çois, deuxième adjoint au maire d'Abbeville, secrétaire du bureau du Comité, mais infructueusement.

Tel était l'état de la question, tels étaient les éléments de la cause, lorsque M. Charles Louandre, à la prière du Comité, fit faire dans les bibliothèques d'actives recherches à la suite desquelles il écrivit une savante notice que je vais essayer de résumer.

IV

« La France, dit M. Ch. Louandre, a connu toutes les gloires, elle a aussi connu tous les malheurs ; mais aux plus tristes époques de son histoire, il s'est toujours trouvé des hommes, nobles, bourgeois, simples paysans, qui l'ont consolée par leur courage. Un bourgeois d'Abbeville, Ringois, est l'un de ces hommes, et son nom est inscrit sur le martyrologe du patriotisme.

« Qu'a-t-il fait pour mériter cet honneur? Comment et par qui sa mémoire nous a-t-elle été conservée? N'est-il que le héros d'une légende, comme les douze pairs de Charlemagne, ou bien l'acte qui a illustré son nom doit-il être accepté comme irrécusable, et pourquoi le doit-il être? Telles sont les questions que nous allons examiner, en prenant à leur source et en suivant dans l'ordre chronologique les faits qui ont préparé et fait éclater son dévouement ; car tout s'enchaîne en histoire, et, pour vérifier une tradition, il faut chercher d'abord si elle concorde avec les évènements, les mœurs et les idées du temps auquel elle se rapporte. »

L'historien expose ensuite les conditions dans lesquelles les rois d'Angleterre, au XIIIᵉ siècle, héritèrent le comté de Ponthieu, et le peu de sympathie des Abbevillois pour la féodalité étrangère qui s'interposait entre eux et les rois de France, demeurés leurs seigneurs suzerains.

« Les dissentiments s'aggravaient de jour en jour, lorsqu'Edouard III, comte de Ponthieu comme héritier de sa mère Isabelle de France, déclara la guerre à Philippe de Valois. Ce prince, conformément à l'usage des fiefs qui défendait au vassal de prendre les armes contre son suzerain, confisqua le comté et le donna à Jacques de Bourbon.

« Abbeville, la cité toujours fidèle à la cause nationale, *semper fidelis*, entra avec joie dans la mouvance d'un seigneur français, et, durant la première période de la guerre de cent ans, elle donna de nombreuses preuves de dévouement.

« Au milieu des pénibles épreuves d'une guerre sans merci, nos pères ne ménageaient pas plus leur or que leur sang ; ils votaient des impôts, ils ouvraient des emprunts pour soutenir la résistance, reprendre les places du Ponthieu occupées par l'ennemi, mettre leur ville à l'abri de ses attaques, et, quand les emprunts étaient couverts, le maire et les échevins en garantissaient le remboursement sur leur fortune personnelle. Ce qu'ils avaient fait sous Philippe de Valois, ils le firent encore sous le roi Jean ; ils envoyaient leurs milices renforcer les garnisons des places du Ponthieu, et démantelaient les châteaux de Long, d'Eaucourt, de Mautort, de Mareuil, de Drucat, d'Hiermont, pour empêcher les Anglais de s'y établir. La haine de l'étranger était dans leurs cœurs toujours vivante et implacable. Le désastre de Poitiers, et les malheurs qui en furent la suite, la rendirent plus ardente encore.

« Le 8 mai 1360, le roi Jean, prisonnier des Anglais, abandonna en toute souveraineté à l'Angleterre, par le traité de Brétigny, le duché d'Aquitaine, le Poitou. la Saintonge, l'Agénois, l'Aunis, le Périgord, le Limousin, le Quercy, le Calaisis et le Ponthieu. Le 12 avril de l'année suivante, il informa les Abbevillois qu'ils allaient passer, non plus seulement comme vassaux, mais comme sujets, sous la domination de l'Angleterre. Cette notification les désespère : « *Nous aimerions mieux*, disaient-ils, *être taxés chaque année de la moitié de notre avoir et rester Français.* » Mais Jean donna ordre au bailli d'Amiens de les forcer *rudement* à obéir. Il fallut se soumettre. Le sénéchal anglais vint prendre possession du Ponthieu ; il somma les habitants de prêter serment de fidélité à son maître, en leur annonçant qu'il leur retirait le droit d'appel au parlement de Paris, et qu'à l'avenir il jugerait seul en dernier ressort, conformément à l'article VII du traité de Brétigny. Les Abbevillois n'avaient plus à se faire d'illusion, ils étaient livrés à la merci du vainqueur. L'un d'eux, RINGOIS, plus obstiné dans la résistance, fut pris par les officiers d'Edouard ; ils le conduisirent dans le château de Douvres, et, là, lui montrant les flots qui se brisaient au pied des tours, ils menacèrent de le jeter à la mer s'il persistait à refuser le serment de fidélité. Il le refusa, et les Anglais le lancèrent dans l'abîme.

« Le dévouement de RINGOIS n'est-il pas, d'après ce qui vient d'être dit, la résultante de tous les faits contingents de notre histoire locale, péndant la période qui s'étend de 1279 à 1361? RINGOIS n'est-il pas la plus haute personnification de la haine de nos aïeux pour l'étranger, de leur dévouement inviolable à la patrie? Au moment où la France, mutilée par un traité fatal, est tombée au fond de l'abîme, il ne peut plus rien pour elle, et il lui donne sa vie, car les grandes calamités publiques ont toujours eu le privilége d'exalter les grands cœurs. Prêter serment à Edouard, c'était renier les morts de l'Ecluse, de Blanquetaque, de Crécy; c'était se rendre coupable de forfaiture: la forfaiture était flétrie par la conscience publique comme le crime des lâches. Entre la mort et la honte, RINGOIS n'a point hésité; et nous, qui avons subi, comme nos aïeux du XIVe siècle, les douleurs et les outrages de la défaite, nous comprenons mieux aujourd'hui leur patriotique abnégation. Combien sont tombés sous les balles prussiennes, plutôt que de renoncer à défendre leur pays, comme ce curé de l'Orléanais qui a refusé la vie que lui offraient ses juges! Combien d'autres auraient marché au-devant de la mort, comme Ringois, si les envahisseurs avaient exigé d'eux le serment de fidélité à l'empereur Guillaume! »

L'historien aurait cru faire injure aux plus nobles instincts de la nature humaine en supposant qu'il fallût discuter pour prouver un acte héroïque; mais, il le constate à regret, le scepticisme, « qui de notre

temps s'est attaqué à tant de glorieux souvenirs »,
s'est autorisé du silence de Froissart, du silence des
historiens anglais, du silence des archives communales d'Abbeville. Mais Froissart, chroniqueur plus
anglais que français, favori de la reine Philippa,
femme d'Edouard III, et courtisan délié, pouvait-il
mentionner un fait déshonorant pour la famille
régnante d'Angleterre? D'ailleurs « la société chevaleresque est à peu près la seule qui l'occupe; il tient
les vilains en médiocre estime, et ce n'est pas dans
leurs rangs qu'il choisit ses exemples. »

« Les historiens anglais ne parlent pas de Ringois.
— La raison en est bien simple : Edouard III était à
leurs yeux l'un de leurs plus grands princes. Le
supplice de Douvres imprimait à son nom une de ces
taches que les siècles n'effacent pas. En bons et
loyaux sujets, ils ont cherché à le faire oublier; mais
s'il n'était qu'une fable, il est certain qu'ils n'auraient
point manqué de le dire en nous accusant de calom-
nier le prince qui nous avait vaincus.

« Les archives d'Abbeville ne parlent pas de Ringois.
— Mais leur silence, pas plus que celui de Froissart,
ne prouve rien. Comme toutes les autres archives, les
nôtres ont un caractère exclusivement administratif;
un caractère industriel, à cause des corporations;
juridique, à cause de la justice haute, moyenne et
basse attachée à la commune; financier, à cause des
recettes et des dépenses dont la comptabilité était
très-régulièrement tenue. Elles donnent de précieuses
indications sur le régime intérieur de la cité, sur ses
rapports avec la couronne et les pouvoirs co-existants;
mais à part les entrées des rois et l'époque relativement moderne de la Ligue, elles ne s'arrêtent jamais

au détail des faits. Ainsi, les *Registres aux argentiers* s'ouvrent en 1340 : ils sont de six ans antérieurs à la bataille de Crécy, et cependant ils ne contiennent aucun renseignement sur ce terrible désastre qui avait fait tant de victimes parmi nos milices communales. Quant aux registres aux délibérations, ils ne commencent qu'en 1426, c'est-à-dire soixante-cinq ans après la mort de Ringois [1].

« Restent les historiens locaux : ici, le silence est rompu. »

M. Charles Louandre, citant le Père Ignace, rend hommage à sa parfaite exactitude, « lorsqu'il s'agit de faits purement et strictement historiques », à sa préoccupation des sources, à son respect de la vérité, qui ne saurait être mis en doute. « Ceux qui l'ont lu ont apprécié le sentiment de loyauté naïve qui respire à chaque ligne de son livre ; ils n'admettront jamais qu'en citant le religieux de St-Denis il ait commis une œuvre de faussaire. »

Le religieux de St-Denis, c'est Jean Chartier, le « chroniqueur de France », le frère d'Alain, l'heureux poète que les reines traitaient mieux encore que les muses [2]. Plus que le texte de Rumet, vivant au XVIe siècle, il importait donc de retrouver le texte de Jean Chartier, né dans le XIVe siècle, dans le siècle de Ringois, et qui fut le chroniqueur de Charles VII.

---

(1) CHAP. IV. — Lorsqu'on se réfère à nos archives municipales, il faut toujours se rappeler que, sous l'ancienne monarchie, elles avaient déjà perdu un grand nombre de documents, et qu'à l'époque de la révolution elles en ont perdu un nombre plus grand encore. — Note de M. Charles Louandre.

(2) Voyez les recherches sur *Guillaume, Alain et Jean Chartier*, par M. du Fresne de Beaucourt.

« Nous aurions voulu reproduire le texte de Chartier invoqué par le Père Ignace, mais nous l'avons vainement cherché dans *la Chronique de Charles VII*, qui est la continuation des Grandes Chroniques de Saint-Denis. Est-ce à dire que ce texte n'a point existé, que même il n'existe pas encore aujourd'hui?.... Nous sommes loin de le penser.

« .... En ce qui touche Jean Chartier, nous dirons que s'il n'a point parlé de Rixgois dans *la Chronique de Charles VII*, il ne faut pas oublier qu'il est encore l'auteur d'un autre ouvrage historique : *les Différends d'entre les rois de France et d'Angleterre*, et c'est là, nous le pensons, en raison même de la spécialité du sujet, qu'il faut chercher le texte invoqué par le père Ignace. Malgré toutes nos recherches et le concours que nous a prêté M. Henri Michelant, conservateur des manuscrits de la Bibliothèque Nationale, il nous a été impossible de mettre la main sur ce travail, et il n'y a point lieu d'en être surpris, car il en est des *Différends d'entre les rois de France et d'Angleterre* comme d'une foule d'autres documents : on les connaît de nom, ils sont indiqués par les érudits des XVIIe et XVIIIe siècles ; quelques-uns sont encore mentionnés, en 1778, dans *la Bibliothèque du Père Lelong*, comme se trouvant dans telle abbaye, dans telle collection particulière, et quand on les cherche aujourd'hui dans les établissements publics qui ont recueilli les épaves de l'ancien régime, il est impossible d'en retrouver la trace. S'ensuit-il que l'on doive récuser le témoignage des écrivains antérieurs à 1778, qui leur ont emprunté certains faits, lorsque ces écrivains sont, comme le Père Ignace, au-dessus de tout soupçon de mensonge ? »

M. Charles Louandre terminait par un éloquent appel au patriotisme ; mais, on le voit, le talent incontesté de l'écrivain n'avait pas fait avancer d'un pas la question ; assurément le patriotisme puisait dans cette belle page de nouvelles ardeurs, mais le scepticisme persistait en l'absence d'un texte authentique, d'une preuve irrécusable. On n'avait pas le texte de Rumet, et Jean Chartier se taisait sur Ringois: le doute pouvait n'être point patriotique, mais il était possible.

« A ceux qui s'obstineraient encore à nier la mort de Ringois, disait M. Ch. Louandre, nous dirons qu'en histoire la négation pure et simple ne suffit pas ; qu'une opinion toute individuelle ne fait pas autorité, et que du moment où l'on avance qu'un fait est apocryphe, il faut le prouver, en démontrant, par une lumineuse méthode d'induction, que ceux qui se prononcent pour l'authenticité ont fait fausse route. Nous les prierons donc de produire leurs preuves. »

Assurément la méthode d'induction de l'habile historien était inattaquable, irréfutable, mais Thomas, qui pourtant était un saint, ne se contentait pas de la méthode d'induction, et il voulait être convaincu par la vue et par le toucher. Les partisans de Ringois n'apportant pas de preuves, les sceptiques s'abstenant de produire les leurs, chaque parti demeurait dans son camp ; c'était le *statu quo*, l'enterrement de la question, et M. Ernest Prarond pouvait avoir été prophète dans son pays en disant qu'un monument ne serait jamais élevé à Ringois d'Abbeville dans la cité fidèle.

V

Fallait-il renoncer à chercher la preuve? Je ne le pensai pas. Je me dis avec M. Louandre qu'un historien, soucieux de la vérité, préoccupé des sources, incontestablement loyal, le Père Ignace, ne pouvait, par un puéril amour-propre de clocher, avoir inventé cette mort de héros. Je me dis qu'un des plus intègres dans la brillante dynastie des maïeurs d'Abbeville, l'historien qui poussait la conscience jusqu'à prescrire par clause testamentaire à son fils de faire revoir ses écrits « par gens de bien et de sçavoir » avant « de les mettre en lumière » [1], je me dis que Rumet

---

(1) CHAP. v. « Item, le testateur laisse es mains de son fils ainé les livres par lui composés en latin pour les bien voir et faire voir par gens de bien et de sçavoir en état de les mettre en lumière ni faire imprimer afin que nul ne s'en offense.

« Ledit testament passé devant François Descaulles, notaire royal à Abbeville, le 17 décembre 1593. » (GRENIER, t. LIV, f° 218 et c. II, f° 77). Fr. Descaules, échevin en 1501, 1603 et 1613, était fils de Pierre et de Cath. Rumet, sœur de l'historien. — Le P. Ignace (*Hist. Gén.*, p. 791) donne la généalogie des Rumet, originaires du comté d'Artois où cette famille était ancienne (GRENIER, t. CII, f° 77-81). En 1145, Herbert fils Rumelt souscrit une charte de Gérard, sire de Ham (*coll. Moreau*, t. LXXXIX, p. 176). On trouve dans un ancien titre « le fief Rumets sis ou terroir d'Arguel » (GRENIER, t. LVII, f° 93).

ne pouvait avoir faussé la vérité historique, et que, s'il avait inséré dans sa Chronique le récit du dévoûment de Ringois au xive siècle, il ne l'avait pas fait, lui qui écrivait deux cents ans plus tard, sans indiquer ses sources.

L'Histoire de Picardie, par Nicolas Rumet, seigneur de Buscamp, est à la Bibliothèque nationale : c'est le n° 12,888 des manuscrits latins. Je la lus attentivement de la première page à la dernière ; j'y recueillis des notes qui m'ont servi pour ce travail, mais rien sur Ringois. Je me rabattis sur la collection de Picardie [2], — ce monument inestimable de la science, de la patience et de la conscience de dom Grenier, — avec une ardeur d'autant plus vive que je venais de recevoir une lettre du savant et obligeant Conservateur de la Bibliothèque d'Amiens, M. Garnier, me donnant l'assurance que la *Chronique* de Rumet se trouvait dans les manuscrits de dom Grenier.

Le premier volume que je consultai, entre les trois cents qui forment cette précieuse collection, fut le tome lvii, dans lequel, au folio 15, je trouvai effectivement la « Chronique du païs et comté de Ponthieu jusqu'en 1595, par le sieur Rumet, écuyer, seigneur de Buscamp, Beaucarroy, licencié es loix et ancien maïeur d'Abbeville », avec cette annotation : « Le 10 aoust 1748 commancé de collationer cette copie de la Chronique de Pontieu sur une copie de la main de M. Le Sueur, curé du Sepulcre d'Abbeville. » A la

Vers 1370, Charles V accorde des lettres de rémission à Robert Rumet, et, vers 1464, Louis XI à David Rumet (*Trés. des Ch.*, rég. des ann. 1368-1370 et 1463-1464. — Clairambault, p. 857 et 1565).

(1) Biblioth. nation. Départem. des manuscrits.

lecture je reconnus le texte du manuscrit appartenant
à M. Auguste de Caïeu, et qui est très-probablement
l'exemplaire même de M. le curé Le Sueur. Une note
marginale de la main de dom Grenier confirma le
sentiment que j'en avais eu : « Je compte, dit-il [1],
que ce n'est ici qu'un extrait de l'ouvrage du seigneur
de Buscamp. » Au recto du f° 30 on lit en marge, à
l'année 1368 : « Mouvement de la Guienne et du Pontieu pour se soumettre au roi. Citation du prince de
Galles apparant duc de Guienne et comte de Pontieu.
Soulèvement du Pontieu. » Et en regard il est dit :
» Sur les plaintes des Gascons au Roi contre les
Anglois on cite le prince de Galles, et tout se dispose
en Guienne et en Ponthieu pour rentrer sous l'obéissance du Roi. Polydore Virgile dit que ceux du Pontieu se soulevèrent les premiers contre les Anglois.
Voyés le Père Ignace en 1368 et 1369, qui rapporte
tous les titres, chartres et lettres-patentes qui sont
dans M. Rumet *et que j'ai ici omis.* »

Dom Grenier ajoute entre parenthèse :

« Cette observation confirme celle que j'ai faite au
commancement, que ceci n'estoit qu'un extrait de
l'ouvrage de M. Rumet. »

Or, c'est précisément aux années 1368 et 1369,
entre les titres, chartes et lettres-patentes, que se
trouve, dans l'*Histoire généalogique des comtes de
Ponthieu* [2], le passage relatif à Ringois, et il devenait probable que le Père Ignace avait simplement
copié Rumet ; par suite toute la responsabilité du fait
historique incombait à ce dernier. J'avais cru d'abord

(1) F° 15 r°.
(2) P. 381

que sa Chronique française était un abrégé de son
Histoire latine de Picardie, d'où M. le curé Le Sueur
avait extrait tout ce qui se rapportait plus spécialement au comté de Ponthieu; mais le P. Le Long me
tira de cette erreur. Voici ce que dit la *Bibliothèque
historique de la France* [1] :

« N° 34,140. MS. Historia Picardiæ; auctore Nicolao
Rumet de Busgamp, in-folio. — Cette histoire étoit
dans la Bibliothèque de M. le chancelier Seguier,
n° 644, et est aujourd'hui à Saint-Germain-des-Prez,
n° 1086.

« N° 34,187, MS. Chronique du pays et comté de
Ponthieu, tirée des histoires et mémoires de Nicolas Rumet, seigneur de Buscamp, maistre des requestes, (et
augmentée par François Rumet, seigneur de Beaucour-
roy, son fils) ancien majeur d'Abbeville qui vivoit
encore en 1599. — Cette Chronique étoit dans la
Bibliothèque de M. le chancelier Seguier, n° 57, et est
aujourd'hui à Saint-Germain-des-Prés. On en trouve
un extrait dans le xviiie volume des Manuscrits de Du
Chesne, p. 122, qui sont dans la Bibliothèque du
Roi.— Le seigneur de Buscamp fut d'abord lieutenant-
général de Montreuil-sur-Mer, ensuite commis par le
Roi pour recevoir les requestes qui devoient estre
présentées à l'amiral de Coligny. Il fleurissait en 1560,
et est mort à Abbeville. Sa Chronique a esté continuée
jusqu'en 1594. »

Ainsi l'*Histoire de Picardie* et la *Chronique du
pays et comté de Ponthieu* étaient deux ouvrages,
deux manuscrits distincts. Je demandai à Messieurs
les Conservateurs du département des manuscrits, à

---

(1) T. iii, p. 311 et 314.

la Bibliothèque Nationale, communication de la *Chronique* de Rumet, du manuscrit ayant appartenu d'abord au chancelier, puis aux religieux de Saint-Germain-des-Prés; mais il ne figure pas au catalogue; c'est un des volumes qui, en 1790, se sont adirés en passant de la Bibliothèque de l'abbaye dans celle de la nation. Le catalogue renvoie simplement au tome XVIII des manuscrits d'André Du Chesne, qui ne donne de l'*Historia Picardiæ* que des extraits où il n'est pas question de Ringois.

Je compulsai les histoires imprimées de nos anciens annalistes, Robert Gaguin, Nicole Gilles, Robert Cénalis, Paul Emili, les Du Tillet, Jean de Serres, du Haillan, Jacques de Charron, Mézéray, Dupleix, le Père Daniel, Velly, le président Hénault, et les historiens anglais Walsingham, Camden, Barnes, Rymer, le Baker de Swinsbroke, Longman, Robert d'Avesbury, sans oublier Polydore Virgile; ce fut en vain. Un instant, je me crus bien près du but en mettant la main sur un écrit de Jean Du Tillet qui a pour titre : *Recueil des guerres et traictez d'entre les roys de France et d'Angleterre*; mais dans cet ouvrage, à la confection duquel a dû servir le manuscrit de Jean Chartier, *Les Différends d'entre les rois de France et d'Angleterre*, je ne trouvai rien qui pût se rapporter à Ringois.

N'y avait-il pas de quoi désespérer du succès et douter de la tradition? Et cependant je me sentais l'aveugle foi de Tertullien dans la mémoire du peuple : « *Traditio est, nihil quæras ampliùs !* C'est la tradition, tenez-vous en là ! » Et je me raffermissais avec cette sentence d'un docte professeur de l'Ecole des Chartes : « Partout où vous voyez une légende,

vous pouvez être sûr, en allant au fond des choses,
que vous trouverez une histoire [1]. » Mais l'histoire
était obstinément muette, et je commençais à céder au
découragement, me disant que la légende de Ringois
n'était peut-être, après tout, que le récit, défiguré par
la tradition, de quelque aventure tragique ; j'inclinais
à voir dans Rorgon d'Abbeville un autre seigneur de
Montlhéry, victime de quelque machination criminelle : Hugues de Crécy, son parent, s'étant emparé
de cet infortuné seigneur dans l'espérance d'obtenir
du prisonnier la donation de ses biens, le promena,
lié et garotté, de castel en castel ; puis, voyant que
les mauvais traitements ne réussissaient pas à lui
arracher le consentement désiré, le sire de Crécy le
fit étouffer et jeter par une fenêtre, afin qu'il parût
s'être tué en se précipitant lui-même ; mais le crime
fut découvert, et la justice de Louis le Gros poursuivit
impitoyablement le scélérat.

J'allais donc renoncer à toutes recherches, lorsque
ce passage des *Grandes Annales* [2] de Belleforest
me rendit la confiance et l'espoir :

« Année 1369. — .... Ce n'estoit assez, si encor le
susdit gouverneur et thésoriers (de Ponthieu) et
autres ministres (d'Edouard III) n'avoient sollicité la
noblesse et les communes du païs à faire serment de
suivre et servir à jamais le roy anglois envers tous et
contre tous, et fût-ce contre Roy de France : et y en
a qui l'ont fait, poussez de crainte, d'autant que
contre ceux qui refusoient on procédoit par voye de
fait, saisissans leurs biens et fiefs nobles, les aucuns

(1) Vallet de Viriville, *Etud. sur l'Alchimie.*
(2) T. ii, livre v, f° 929 r°.

ont esté occis cruellement et jectez en la mer, pour
n'avoir voulu faulcer la foy que premièrement ils
avoient jurée au Roy de France. »

C'était bien là le supplice infligé à la loyauté de
Ringois d'Abbeville par la cruauté d'Edouard III; ces
lignes de l'annaliste du xvi° siècle constituaient, à elles
seules, il faut le reconnaître, un argument sérieux
en faveur de la légende; car il est difficile de les lire
sans concevoir que c'est à notre héros même que le
vieil historien a voulu faire allusion.

VI

Avant de poursuivre le récit de mes recherches, je
demanderai aux incrédules si un document officiel,
authentique, émané du conseil même du roi de
France peu de temps après la mort de Ringois, et la
relatant pour la reprocher au roi d'Angleterre, leur
paraîtrait péremptoirement probant? Si la réponse est
affirmative, comme je n'en doute pas, la cause est
entendue, gagnée, et ils seront servis à souhait. Mais
il convient, au préalable, de jeter un regard en arrière
et de demander à l'histoire les prolégomènes de ce
martyre patriotique.

La guerre de trois cents ans, duel formidable de
deux peuples dont le supplice de Ringois d'Abbeville
fut un des tragiques épisodes, lutte épique dans la-

quelle la chevalerie française paya l'impôt du sang jusqu'à l'épuisement [1], avait eu son principe sous le règne de Louis le Jeune. Le mariage de ce prince avec Eléonore, souveraine de la Guyenne et du Poitou, ayant été rompu, le roi de France fut « si consciencieux que de lui rendre [2] » ces belles provinces, que, six semaines après le divorce, elle porta en dot à Henri Plantagenet, comte d'Anjou, duc de Normandie. Avant de succéder au trône d'Angleterre, Henri II avait été à l'égard de Louis VII un vassal respectueux et soumis ; mais, dès qu'il fût en possession de la couronne, il devint difficultueux, querelleur, opiniâtre, artisan de prétentions toujours nouvelles. Maître de la Normandie, de la Touraine, de l'Anjou, du Maine, du Poitou, de la Saintonge, de l'Auvergne, du Périgord, du Limousin, de l'Angoumois et de la Guyenne, c'est-à-dire du tiers de la France, ouvertement excité par la rancune d'Eléonore, il répugnait à se reconnaître vassal d'un monarque à peine aussi puissant que lui. La guerre éclata ; elle devait durer trois siècles, pendant lesquels la France ressentit souvent les allégresses de la victoire, mais aussi pleura du sang sur les champs de bataille de Courtrai, de Crécy, de Poitiers et d'Azincourt.

Henri II, levant le siége de Toulouse, se jeta sur la Picardie et le Beauvaisis qu'il ravagea cruellement. L'intervention du pape Alexandre III aboutit au célèbre traité de Montmirail, où le roi d'Angleterre parut, accompagné de ses fils. C'était le jour de

---

(1) CHAP. VI. Voy. d'HOZIER, *L'impôt du sang ou la nobl. franç. sur les champs de bat.* publ. par M. Louis Paris.

(2) Mézeray.

l'Epiphanie. En abordant le roi de France, il lui dit :
« Sire, dans ce jour où trois rois ont offert des présents au Roi des rois, je me mets sous votre protection avec mes enfants et mes Etats. » Puis il renouvela son hommage pour la Normandie, Henri, son fils aîné pour l'Anjou, le Maine et la Bretagne, et Richard, son autre fils, pour l'Aquitaine. Henri servit à table le roi, comme grand sénéchal de France, charge attachée à son comté d'Anjou.

Louis le Jeune eut lieu de se consoler des sacrifices qu'il avait faits en renvoyant Eléonore, lorsqu'il la vit devenir le fléau de son second époux, armer ses enfants contre leur père et remplir l'Angleterre de troubles et de confusion. Il s'engagea dans cette nouvelle guerre, dont le résultat, quel que fût le vainqueur, ne pouvait être que l'affaiblissement de la puissance anglaise, et que termina le traité de Nonancourt : « Telle est, disaient les deux rois, et telle sera désormais notre amitié que chacun défendra la vie de l'autre, ses membres, sa dignité, ses biens. Je secourrai de toutes mes forces, moi Henri, Louis, roi de France, et moi, roi de France, de tout mon pouvoir, le roi d'Angleterre, mon homme et mon vassal. »

Fidèle à la politique de son prédécesseur, Philippe-Auguste soutint les fils de Henri II contre leur père, souvent même les frères contre les frères. Il fit une descente en Angleterre, et déjà il avançait victorieusement dans l'île, lorsque l'intervention du légat romain amena des négociations et la paix.

Au retour de la croisade, la guerre éclate de nouveau. Richard, devenu roi d'Angleterre, force les Français à lever le siége de Verneuil, les bat à

Frèteval, à Gisors, et la paix ne se rétablit que sur la toute-puissante intervention du pape Innocent III. Bientôt après, Richard va trouver la mort au siége de Chalus, près de Limoges, léguant son *cœur de lion* à sa fidèle ville de Rouen.

Jean Sans-Terre lui succède, et le bruit populaire l'accuse d'avoir tué de ses mains Arthur [1], son neveu, qui prétendait au trône. — Le suzerain avait le droit en tout temps de sommer son vassal de comparoir en sa présence, pour répondre aux accusations dont il pouvait être l'objet. Louis le Gros avait usé de ce droit en citant devant la Cour des pairs Henri Ier d'Angleterre, duc de Normandie et son vassal. Philippe-Auguste envoie la même sommation à Jean II. Celui-ci dédaignant ou redoutant de venir se justifier du crime qui lui est imputé, la Cour des pairs le déclare félon et traître, prononce la confiscation de toutes les terres qu'il tient à hommage, et le roi de France exécute rapidement et victorieusement la sentence infamante. La trève de Thouars, en 1206, laisse Philippe-Auguste en possession de ses conquêtes. Menacé de perdre son royaume, Jean II le met en vasselage et se fait l'humble tributaire du Saint-Siége.

Othon de Brunswick, empereur d'Allemagne, le comte de Flandre, le comte de Boulogne, le duc de Brabant ayant embrassé le parti du roi d'Angleterre, Philippe-Auguste les met en déroute, à la tête de ses chevaliers et des vaillantes milices d'Amiens, d'Arras, d'Abbeville, de Corbie, de Beauvais, de

(1) « Dieu veuille, dit Mathieu Paris, qu'il en ait été autrement que ne le rapporte la renommée ! »

Compiègne, dont les bannières communales se pressèrent, dans les glorieuses plaines de Bouvines, autour de l'oriflamme aux lis d'or.

Défait, odieux à ses peuples qu'il abreuve de vexations, Jean II est déclaré déchu de la royauté, qui est offerte à Louis Cœur-de-lion, fils de Philippe-Auguste et neveu du roi d'Angleterre par Blanche de Castille, sa femme, qui était fille d'Eléonore, sœur de Jean. Louis passe en Angleterre avec une bonne armée ; il est reçu avec acclamation, il entre dans Londres, honoré du titre de libérateur du peuple, et y est solennellement couronné, présentant ainsi un spectacle dont, hélas ! la douloureuse contre-partie devait avoir lieu en France à deux cents ans de là. Mais, à la mort de Jean II, les Anglais, non moins versatiles alors [1] que le sont devenus leurs voisins, proclament Henri III, son fils aîné.

Comme sur le trône d'Angleterre, Louis VIII ne fait que passer sur le trône de France. Louis IX, son fils, bat les Anglais à Taillebourg, à Saintes, et le traité d'Abbeville, en 1259, convertit en paix définitive la trève de Bordeaux. Il y a peu de règnes pendant lesquels la paix avec l'Angleterre ait été aussi soutenue que pendant ceux de Louis IX et de Philippe III, son fils, mais peut-être le saint monarque l'achetat-il un peu cher, en restituant à Henri III le Périgord, le Limousin, l'Agenois, une portion de la Saintonge et du Quercy, à condition toutefois que le roi d'An-

(4) Des historiens rapportent que Guillaume le Conquérant, en chargeant de trois léopards son écu royal, voulut marquer, par la variété des taches de cet animal, l'humeur inconstante de la nation conquise. — NOEL, t. II, p. 150.

gleterre renonçât à tous ses droits sur la Normandie, le Poitou, la Touraine, le Maine et l'Anjou. En reconnaissance de ces dons, Henri voulut donner à l'hommage qu'il rendit au roi de France un éclat auquel un vassal puissant ne se prêtait pas volontiers : il se prosterna devant le trône de Louis avec ses enfants, se reconnut son homme-lige, lui prêta serment de fidélité, se mit sous sa protection, et un des fils du Roi étant mort, il aida comme les autres princes à porter son corps à la sépulture ; démonstrations qui ne l'empêchaient pas d'intimer à ses marins, en pleine paix, l'ordre de passer par les armes les marchands français qu'ils rencontreraient en mer.

En 1272, Edouard Ier, roi d'Angleterre, revenant de la croisade, s'arrête à la cour de France et rend hommage pour le duché d'Aquitaine. En 1279, Eléonore, comtesse de Ponthieu, lui ayant apporté son comté en dot, Edouard rend hommage au roi de France pour sa nouvelle possession, cérémonie qu'il réitère à l'avènement de Philippe le Bel. En 1293, les hostilités recommencent ; Philippe cite deux fois Edouard, comme son vassal, et, sur son refus de comparaître en personne devant la Cour des pairs, il confisque la Guyenne. Les chevaliers anglais sont battus près de Dax, par le comte d'Artois, en même temps qu'une flotte française ravage les côtes de l'Angleterre. Le comte de Flandres se déclare pour Edouard ; il est vaincu à Furnes, à Comines, bloqué dans les murs de Gand, et son comté confisqué. L'insurrection des Flamands, le désastre de Courtrai, l'épuisement de son trésor induisent Philippe le Bel à confirmer par un traité de paix définitif l'accommodement qu'il avait signé avec le roi d'Angleterre en 1299. La paix lui sert à préparer une terrible revanche; à la tête de 60,000 hommes, il envahit la Flandre et taille les Flamands en pièces à Mons-en-Puelle. Mais l'argent est le nerf de la guerre, et, pour en avoir, Philippe abuse du pouvoir royal. Les seigneurs et les communes, excédés d'impôts, protestent. Le monarque centralisateur répond en s'attachant à ruiner le pouvoir féodal, qui persistait d'ailleurs à ne voir dans le Roi que le *primus inter pares*, un égal plus puissant. Chaque seigneur, depuis longtemps déjà, tendait à faire de son fief un état indépendant, ne relevant que de Dieu et de l'épée. Les qualifications de prince et de souveraineté apparaissent à tout instant dans les chartes seigneuriales du xII[e] et du xIII[e] siècles, et plus d'une fois les rois durent traiter de pair à pair avec des vassaux redoutables. Gui de Senlis, chevalier, signant un accord avec Louis VIII, déclare qu'il « ne traveillera en aucune manière monsieur le roy ou ses hoirs seur che... Fait à Compiegne en l'an de nostre seignor 1224 ou mois de may » [1]. Guillaume Avenel, comte de Mortain en 1012, se qualifiait prince souverain des Biards. Au xII[e] siècle, Raoul, sire d'Airaines, se qualifie « très-noble prince » ; Gérard, « sire et prince de Rosoy » [2] en Thiérache ; Gautier Tyrel, « par la grâce de Dieu sire et prince de Poiz » [3]. En 1260, Isabeau de Boves, ratifiant une vente, se qualifie « dame souveraine du fonds » [4]. Mathieu de

(1) Grenier, t. cclix, f° 110.
(2) *Coll. Moreau*, t. lxxxiv, p. 246. — R. de Belleval, *Nobil.*, 2° éd. p. 30.
(3) *Coll. Moreau*, t. xxxviii, p. 268.
(4) De Beauvillé, t. i, p. 441.

Trie, chevalier, seigneur de Vaumain et d'Airaines,
vend, en 1316, au comte de Dreux « le fief, hommage,
obéissanche et souveraineté d'un fief et terre » [1].
Les chartes, faisant aux comtes de Ponthieu l'honneur
suprême réservé au roi de France, étaient datées de
leur règne au xii* siècle: *regnante Johanne comite
Pontivi* [2]. Enfin, à la faveur du désordre féodal, le
possesseur d'un petit fief normand alla jusqu'à s'inti-
tuler « par la grâce de Dieu prince et roi d'Yvetot » [3].

Reprenant l'œuvre de Louis le Gros et de Philippe-Auguste, Philippe le Bel s'efforça de saper
l'édifice féodal, qui faisait ombrage à la royauté.
Alors les seigneurs formèrent « contre Philippe le
Bel pour la conservation de leurs droits » des ligues
et associations auxquelles se joignirent des communes. Je trouve des « lettres d'association des nobles
et communes des païs de Vermandois, Beauvaisis,
Artois, Ponthieu et Corbie avec les nobles et communes de Champagne, Bourgogne, Auxerrois et
Tonnerois. Et est noté ausdites lettres qu'ils s'estoient
plaints au Roy à son conseil et demandé qu'il en fût
fait raison. Sur quoi il fut respondu que le Roy estoit
bien enfourmé que chestoit ses droits et assés puis-
sans de contraindre et punir les rebelles sur ches
choses. Les noms de ces nobles : les sires de Roye,
Gaucourt, Hangest, Vreim [4], Moreuil, Maisnières, du
Hart, Wistace de Ronkeroles, Jehan de la Boissière,
les sires de Fienles, Renty, Longvilliers, Villerval,

---

(1) *Layett. Ponth..* t. ccxxxv, n° 37.
(2) *Coll. Moreau*, t. lxviii, p. 162. Charte de 1157. (Arch.
de l'Hôtel-Dieu d'Abb. Layette Val de Buigny, n° 10 .
(3) Voy. O. de Poli, *Orig. du Roy. d'Yvetot*.
(4) Vraignes ?

Maingoval, Liskes, le vidame d'Amiens, sire de Pin-
kegny, le sire de Bouberk, le sire de Brimeu, le
sire de Caumont, Gérard de Pinkegni, Ansel de Caïeu,
le sire de Biauval, Gérard Kiéret, Ferri de Pinkegni,
les sires de Hailli, Waremes, Longueval, Mailly,
Soyecourt, Raimberpré, Miromont, Jean de Mailly,
Wistaces d'Eurre, etc. [1] » — J'ai noté au passage
cette coalition féodale parce qu'elle intéresse la Picardie et le Ponthieu, et parce qu'elle n'est men-
tionnée, si je ne m'abuse, dans aucun ouvrage im-
primé.

En 1308, Edouard II, roi d'Angleterre, épouse Isabelle de France, fille de Philippe le Bel, — union qui,
vingt ans après, à la mort de Charles IV, doit fournir
à Edouard III le prétexte de revendications contraires
à la loi salique, principe fondamental de l'hérédité
monarchique en France. — La même année, durant
son séjour à Boulogne, Edouard II fait au roi de
France acte de foi et hommage pour le comté de
Ponthieu et pour ses autres possessions·françaises.
En 1313, il est cité devant les pairs du royaume, à
raison de forfaitures, comparaît, se disculpe et traite
magnifiquement son suzerain.

Les trois fils de Philippe IV le remplacent successivement sur le trône, règnent peu et meurent sans
enfants mâles. La lenteur du roi d'Angleterre à rendre
hommage à Charles le Bel et quelques hostilités particulières donnent lieu à la guerre que termine le
traité de 1325.

Philippe de Valois, prince magnifique et vaillant,
succède à Charles IV. Il écrase les Flamands à Cassel

(1) La Morlière, ann. par Du Cange, p. 330.

et rentre en France couvert de gloire. « Il fut moult prisé à honneur de cette entreprise, dit Froissart, et demoura en grant prospérité, et accrut l'état royal, et n'avoit eu oncquesmais roy en France, si comme lon disoit, qui eust tenu l'Etat pareil au sien. » Le roi de France était alors le premier roi du monde ; sa cour était le rendez-vous des rois de Bohême, de Navarre, de Mayorque et d'Ecosse. Il élevait des prétentions sur la couronne impériale promise à son père, Charles de Valois. Ses parents avaient Naples et la Hongrie ; la Flandre était sous son joug ; son neveu, Charles de Blois, avait épousé l'héritière de Bretagne. Cette situation prééminente rehaussa la fierté naturelle de Philippe VI ; alors commença entre lui et Edouard III le combat d'orgueil, entre les deux nations le gigantesque duel qui devait causer tant de maux à la France.

Edouard n'avait pas assisté au sacre de Philippe, encore qu'il y fût invité, et il différait son hommage pour la Guyenne et le Ponthieu, cérémonie qui lui coûtait d'autant plus qu'elle l'obligeait à s'humilier devant un trône qu'il avait prétendu occuper. Las de délais toujours renaissants, Philippe de Valois menace de saisir toutes les terres que l'Anglais possède dans le royaume, si, à jour dit, Edouard ne vient à Amiens pour accomplir son devoir de vassal. Le roi d'Angleterre se résigne ; il vient, mais devant la cour plénière il ne veut rendre à son suzerain que l'hommage simple, se refusant à l'hommage-lige, qui lie personnellement le vassal au souverain, lui impose le devoir étroit de le servir envers et contre tous et à ses dépens, et le soumet à toutes les peines de *foi mentie*, c'est-à-dire la confiscation et la mort, s'il se permet quelque acte de rébellion contre son seigneur. On dispute, et enfin, sur la promesse que fait Edouard de consulter ses archives, quand il sera de retour dans ses Etats, pour savoir précisément à quoi il est obligé, et d'envoyer lettres scellées de son grand sceau qui expliquent quelle sorte d'hommage il doit, la cour consent à ce qu'il le rende en termes généraux. « Sire, lui dit le chancelier, vous devenez homme du roi de France, mon seigneur; vous reconnaissez tenir de lui la Guyenne et ses appartenances comme pair de France, selon la forme des paix faites entre ses prédécesseurs et les vôtres, selon ce que vous et vos ancêtres avez fait pour le même duché à ses devanciers rois de France. — Voire, répond Edouard. — S'il est ainsi, reprend le chancelier, le roi notre sire vous reçoit, sauf ses protestations et retenues. — Voire, dit à son tour Philippe, et il baise à la bouche le roi d'Angleterre dont il tient les mains entre les siennes.

Edouard regagne Londres, le cœur ulcéré de rage et de haine contre le prince qui vient d'humilier sa superbe. Cependant il envoie les lettres qu'il a promises en confirmation de son hommage, qui est effectivement l'hommage-lige. Bientôt divers actes d'hostilités, causés par l'indécision des limites de la France et de la Guyenne, prouvent combien la paix était précaire. Edouard prétend qu'en recevant son hommage pour la Guyenne et le Ponthieu, Philippe s'est engagé à lui rendre certaines parties antérieurement distraites de ces provinces. La querelle s'envenime rapidement. Edouard quête des alliances; aussi souple politique qu'avait été Jean II en faisant de son royaume le vassal du Saint-Siége, il fait de l'Angleterre un vicariat impérial [1] ; au prix de cette humiliation, il obtient l'alliance de l'empereur Louis de Bavière , et il se déclare roi de France. Dès les premières hostilités, en 1336, Philippe, appliquant la loi féodale à son vassal rebelle, avait confisqué le comté de Ponthieu, dont il donna ultérieurement, en 1345, la tenure à Jacques de Bourbon. Tandis qu'Edouard essaie d'entraîner dans son parti les communes flamandes , les lieutenants du roi de France remportent des succès dans le Midi. La Normandie, se sentant menacée d'une guerre voisine, qui peut porter ses ravages bien avant dans le duché, conçoit la pensée d'une diversion puissante; elle envoie au Roi des députés qui lui présentent un plan d'invasion et de conquête de l'Angleterre auquel Philippe s'empresse d'adhérer; mais ce grand projet ne reçoit qu'un faible commencement d'exécution. La ville de Southampton est prise et pillée ; la victoire semble sourire aux descendants des compagnons de Guillaume le Conquérant; mais, attaquée près de l'Ecluse, la flotte française éprouve le plus complet désastre : vainqueur sauvage, Edouard III, qui a pris part au combat, fait pendre « au mast d'un navire anglois Nicolas Buchet, capitaine des vaisseaux françois », qui avait été fait prisonnier après une héroïque défense [2]. Vainqueur à son tour à Saint-Omer, Philippe accepte sans humiliation la médiation du Pape Benoît XII et la conclusion d'une trève d'un an pour préparer une paix désormais impossible. A l'expiration de la

(1) Voy. KERVYN DE LETT., *Du vicariat imp. conf. à Ed. III, roi d'Angl.*

(2) Le P. IGNACE, *Hist. gén.*, p. 312.

trève, la guerre se rallume et se prolonge, acharnée. implacable. Charles de Blois, en Bretagne, le duc de Normandie, dans la Guyenne et dans l'Angoumois, remportent quelques succès ; mais Edouard envahit le royaume. Ivre de haine, de fureur et de vengeance, il prescrit à son armée, sur le funèbre champ de bataille de Crécy, de ne faire aux vaincus aucun quartier. En apprenant qu'une partie des Gantois se prononcent en faveur de Philippe, il songe à faire massacrer des prisonniers français [1]. L'opiniâtre défense de Calais porte au comble sa rage ; il jure d'en passer tous les habitants au fil de l'épée ; mais craignant de pareilles représailles pour ses propres garnisons. il exige seulement que six des principaux bourgeois viennent lui présenter les clefs de la ville, tête nue. pieds nus, la hart au col.

« Le roy, dit Froissart, les regarda très-ireusement [2]. car il avoit le cœur si dur et si épris de grant courroux qu'il ne put parler. Et quant il parla, il commanda qu'on leur coupast tantost les testes. Tous les barons et les chevaliers qui là estoient, en pleu-

---

(1) Ce fait est consigné dans l'histoire d'Angleterre que nous avons citée plus haut. Cette histoire a été écrite, à la demande de l'évêque de Winchester, par un écrivain italien, Polydore Virgile, qui s'était établi en Angleterre et qui a joui auprès de Henri VII et Henri VIII de la plus grande faveur. Voici le texte : « Quibus rebus auditis (la défection des Gan-
« tois) Eduardo ira simul et Gottofredi stimulis incitato,
« nihil deliberatius fuit quam aliquos captivos francos mac-
« taret. » P. 479. — On ne niera certainement pas cette attestation des instincts cruels d'Edouard III, quand elle est produite par un historien dévoué aux rois d'Angleterre. — Note de M. Ch. Louandre.

(2) Avec colère.

rant prioient, si acertes [1] que faire pouvoit, au roy qu'il en voulût avoir pitié et mercy ; mais il n'y vouloit entendre. Adonc parla messire Gautier de Mauny et dit : « Ha, gentil sire, veuillez refréner votre courage. Vous avez le nom et renommée de souveraine gentillesse et noblesse ; or ne veuillez donc faire chose par quoy elle soit amenrie [2], ni que on puisse parler sur vous en nulle vilenie. Si vous n'avez pitié de ces gens, toutes autres gens diront que ce sera grant cruauté, si vous estes si dur que vous fassiez mourir ces honnestes bourgois qui de leur propre volonté se sont mis en vostre mercy pour les autres saulver. » A ce point, grigna [3] le roy les dents et dit : « Messire Gautier, souffrez-vous, il n'en sera autrement, mais on fasse venir le coupe-teste. Ceux de Calais ont fait mourir tant de mes hommes que il convient ceux-cy mourir aussi. » Adonc fit la roine d'Angleterre grant humilité, qui estoit durement enceinte, et pleuroit si tendrement de pitié que elle ne se pouvoit soutenir....... Le roy attendit un petit [4] à parler et regarda la bonne dame sa femme qui pleuroit à genoux moult tendrement : si lui amollia [5] le cœur... » Les Calaisiens durent la vie aux larmes de la reine Philippa, mais la rigueur politique d'Edouard exila de leur ville toute la population française pour lui substituer une colonie d'Anglais.

Une trève d'un an, qui dura réellement jusqu'en 1355, permit à Philippe de Valois de mourir en paix.

(1) Autant.
(2) Amoindrie.
(3) Grinça.
(4) Un peu.
(5) Attendrit.

Cette mort, en délivrant le roi d'Angleterre d'un antagoniste redoutable, ranima ses ambitieuses espérances.

Plusieurs actes d'hostilité avaient précédé le sacre de Jean II, auquel Edouard ne se rendit pas, bien qu'il fût tenu d'y assister comme pair de France par son duché de Guyenne. A l'expiration de la trève, les Anglais ravagent le Boulonnais, l'Artois et s'avancent jusqu'aux frontières de la Picardie, sous la conduite du duc de Lancastre. Une autre armée, commandée par le prince de Galles, ravage le Languedoc, le Limousin, l'Auvergne et le Berry, et donne presque la main à la première. A la tête de 60,000 hommes, Jean le Bon rencontre le prince noir [1] dans les plaines de Poitiers. On sait l'issue de cette lamentable journée : le Roi, demeuré presque seul contre une armée avec son jeune fils Philippe, se défend valeureusement, une gisarme [2] au poing, et ne se rend que sur un monceau de morts. Onze mille français périssent dans la bataille ou dans la déroute. Le prince de Galles emmène son royal prisonnier à Bordeaux, puis à Londres. La captivité de Jean plonge le royaume dans la consternation ; mais une trève de deux ans, obtenue par la médiation du Pape, retient heureusement les Anglais dans l'inaction et sauve la France.

Le jeune Dauphin Charles, pendant la captivité de son père, gouverne sous le titre de lieutenant général; il ne prendra celui de régent qu'à sa majorité. Déployant

---

(1) Le prince de Galles, ainsi appelé de la couleur de son armure.

(2) Hache à deux tranchants.

déjà cette habileté qui lui méritera le nom de Sage, il sait rendre inutile une expédition formidable que conduit Edouard III en personne ; il l'empêche d'aller à Reims se faire couronner roi de France et l'amène à renouer les négociations. Le malheureux Jean avait conclu, dans sa prison, sauf le consentement des Etats, un traité par lequel il cédait au roi d'Angleterre, en pleine souveraineté, la Normandie, le Maine, l'Anjou, la Touraine, le Poitou, la Guyenne, la Saintonge, Calais avec son territoire, les comtés de Ponthieu, Montreuil, Boulogne, Guines et le vicomté de Nanteuil : dans ce traité, que les Etats rejetèrent tout d'une voix, le monarque anglais n'appelait Jean que *Rex Francus*, roi français, et se qualifiait lui-même *Rex Francorum*, roi des français. Se souvenant qu'aux jours difficiles un roi d'Angleterre n'hésitait pas à se mettre en vasselage, il ose indiquer pour première condition de la délivrance de son prisonnier que celui-ci lui rendra hommage pour son royaume : la France ne sera plus qu'une grande province anglaise ; mais Jean, indigné, s'écrie : « Plutôt mourir que de rentrer dans mon royaume déshonoré ! » Réponse digne du monarque infortuné qui avait pour devise : *Monstrant regibus astra viam !*

Les négociations reprises par le Dauphin aboutissent au célèbre traité signé à Brétigny le 8 mai 1360 : Edouard devra renoncer à toutes ses prétentions sur la couronne de France et sur l'ancien héritage des rois Plantagenet ; outre une rançon de trois millions d'écus d'or, Jean abandonne au roi d'Angleterre le Ponthieu, Calais et toutes les provinces de l'ancien duché d'Aquitaine ; mais il est stipulé dans le traité que la souveraineté des terres cédées demeurera au roi de France, « sanz ce qu'elles puissent estre dictes ou reputées au roy d'Angleterre, si le roy de France n'y renonce expressément » ; clause précise dont la teneur néanmoins est grosse d'équivoques et de rupture. Sommés itérativement par Jean II de se soumettre à Edouard et de renoncer à la France, les peuples cédés répondent avec une fierté pleine de larmes : « Nous obéirons aux Anglais des lèvres, mais nos cœurs ne s'en mouveront ! »

La domination anglaise n'avait jamais été acceptée qu'à contre - cœur [1]. Déjà, en 1313, lorsqu'Edouard II faisait son entrée à Montreuil, le maïeur et les échevins, au nom de la commune, lui avaient refusé le serment de fidélité ; il se plaignit au roi son beau-père et suzerain, et Philippe le Bel manda au

---

(1) M. Le Roux de Lincy, dans ses *Chants hist.*, donne plusieurs chansons populaires du temps de l'occupation anglaise. En voici deux couplets caractéristiques :

> Hé ! cuidez-vous que je me joue
> Et que je voulsisse aller
> En Engleterre desmourer ?
> Ils ont une longue coue.
> Entre vous, genz de village
> Qui aimez le roy françoys.
> Prenez chascun bon courage
> Pour combattre les Angloys.
>
> Prenez chascun une houe
> Pour mieux les desraciner ;
> S'yls ne s'en veuillent aller,
> Au moyns faites leur la moue.
> Ne craignez point, allez battre
> Ces godous, panchos à poys :
> Car ung de nous en vault quatre,
> Au moins en vault il bien troys.

bailli d'Amiens [1] de convoquer les dits maïeur et échevins pour leur enjoindre d'avoir à prêter serment au roi d'Angleterre, comte de Ponthieu. Les seigneurs n'étaient pas moins rétifs que les communes ; en 1335, le comte de Dreux, qui était en la foi d'Edouard à cause de ses fiefs de Cayeux, Airaines, Huppy et Vergies, refusa d'en servir aveu au roi d'Angleterre, et il ne s'y résigna que sur des lettres impératives de Philippe de Valois [2].

L'exécution du traité de Brétigny entraîna « d'infinies difficultez, d'autant que ni les seigneurs particuliers, les hommages desquels le Roy avoit obligés au roy d'Angleterre, ni les païs ne vouloient obéir. Il en vint protester au Roy en son conseil et en demander acte, déclarans que le Roy ne peut aliéner son domaine. Jean . d'autre costé, craignant qu'Edward ne lui reprochast que ce fût un jeu joué par une reprochable collusion entre lui et ses subjets, leur faisoit divers et réiterez commandemens d'obéir [3]. »C'est ce qu'il lit, par exemple, à Jean d'Artois, comte d'Eu, qui « à cause des fiefs de Cayeu, Airaïnes, Huppy et Vergiez, mouvans de Saint-Valery » [4], se trouvant dans la foi du comte de Ponthieu, s'abstenait de rendre hommage à Edouard III; mais les sommations de Jean II ne convertissaient personne; en 1369, lorsque Charles V reprit le Ponthieu, Jean d'Artois n'avait pas encore servi son aveu au roi d'Angleterre [5]. Ceux

(1 Archiv. Nation. J 237, n° 100 : « Ex parte carissimi filii E. regis Anglic, comitis Pontivi, fidelis nostri, nobis fuit expositum.... » — C. F. LOUANDRE, *H. d'Abb.*, t. I, p. 212.

(2) A. N.-J 236, n° 65.

(3) J. DE SERRES, *Invent.*, p. 883.

(4) DU TILLET, *Recueil*, p. 272.

(5) Bibl. nation., ms fr. n° 2,699, f° 116.

des nobles qui se soumirent eurent soin de spécifier
dans la teneur de leur hommage qu'ils le rendaient
« a le cause et segnourié de Ponthieu » [1], ou « a
cause de le conté de Ponthieu » [2], ce qui réservait
implicitement la question de souveraineté, question
toujours pendante. Il avait été convenu que, pour la
régler, « dans dix mois qui tomberont à la Saint-
André 1361, les deux rois feront expédier leurs
lettres de déclarations et les enverront à Bruges ;
que cependant le roi de France *surseoira* d'user de son
droit de souveraineté sur les terres qu'il cède.» Ce droit
subsistait donc, et la formule dilatoire ne fut sans
doute proposée par les Anglais que parcequ'Edouard
ne voulait pas signer sa renonciation à la couronne
de France ; en effet, lorsque les commissaires de
Jean II vinrent à Bruges dans le temps indiqué, ceux
du roi d'Angleterre ne parurent point. L'arrière-
pensée d'Edouard était flagrante, tandis que la bonne
foi de Jean ne pouvait être mise en doute. On sait
qu'en recouvrant sa liberté le roi de France avait dû
remettre, pour garantie du paiement de sa rançon,
quarante-deux ôtages bourgeois des principales villes
et quarante seigneurs des familles les plus illustres,
parmi lesquels trois de ses fils et Gérard IV d'Abbeville, sire de Boubers [3], chevalier banneret, chef

(1) Grenier, t. 299, non pag. : Aveu de Guill. de la Motte,
ch[er], pour le fief de la Motte sur Eu. — Aveu de Jehanne
Goullee, dame de Chepy. — 1362.

(2) *Ibid.*: « Vechi che que Thumas d'Aisseu (Acheu) escuier
tient et adveue atenir de tres hault et tres poissant prinche
le Roy nostro sire a cause de le conté de Pontiou.... » —
1363.

(3) *Trés. des Ch.*, rég. 12 ', f° 76-77. — *Lettres et traités*,
f° 66.

de nom et d'armes d'une antique maison issue des anciens comtes de Ponthieu. Eh bien! comment pourrait-on sérieusement douter de la loyauté d'un prince qui, à peine sorti de captivité, volontairement alla prendre la place en Angleterre de son fils, le duc d'Anjou, ôtage de la paix de Brétigny, qui avait en s'enfuyant violé le serment fait à Edouard; d'un prince qui, sollicité de se soustraire aux conditions les plus onéreuses du traité, lorsque la France entière semblait prête à tenter contre l'Anglais un suprême effort, répondit par cette belle parole: « Si la justice et la bonne foi étaient bannies du reste du monde, elles devraient se retrouver dans la bouche et le cœur des rois ! »

La nouvelle de la victoire de Cocherel parvint à Reims le lendemain du sacre solennel de Charles V: c'était un événement de bon augure. L'armée française, selon le mot de du Guesclin, avait voulu « étrenner la couronne du nouveau roi ». L'administration sage, la politique prudente et ferme du successeur de Jean le Bon ne tardèrent pas à porter d'heureux fruits; malgré de lourdes impositions, la prospérité renaissait, grâce au travail paisible des populations agricoles, grâce à des moissons bénies: car, dit à cette occasion un ancien historien, nul autre peuple « n'oublie plus aisément les malheurs passés: il ne faut qu'une année d'abondance pour effacer plusieurs années de stérilité. » Cependant un point noir subsistait: par le traité de Brétigny, le roi d'Angleterre s'était engagé à retirer ses troupes des villes qu'il évacuerait et à les solder, ce qu'il n'avait pas fait. La fin de la guerre laissait sans ressources ces bandes d'aventuriers qui sillonnaient la France, vivant de meurtre et de pillage. Le courage et l'habileté de Bertrand du Guesclin en délivrèrent enfin le royaume.

Les ôtages, à la fois exilés et captifs, qui se trouvaient à Londres depuis le 25 décembre 1360 [1], soupiraient après la patrie et la liberté ; Charles, usant du bénéfice d'une clause du traité, leur substitue d'autres ôtages « aussi souffisants jusques audit nombre », dont la moitié furent ensuite retirés définitivement vers 1368 [2], « en payant l'argent *content* » [3]. Edouard le pressant d'exécuter les autres stipulations du traité, Charles lui exhibait « les diverses sommations qu'il avoit faites aux païs et places comprises au traité pour se remettre entièrement en son pouvoir ; il luy monstroit aussi les responses de ses subjets, qui au commencement s'excusoient civilement par honnestes délais et remises » [4] ; mais « dans le mandement que le Roy feit à ce subjet, de faire et rendre obéissance au roy d'Angleterre, se retenoient par exprès et précipu les souverainctez pour le roy de France [5]. » Edouard n'ayant pas fait ses renonciations, Charles V n'avait pas à faire les siennes ; en se réservant formellement la souveraineté des terres cédées, loin de transgresser le traité, il usait simplement d'un droit écrit, strict, incontestable. D'ailleurs il était trop perspicace pour ne pas juger que cette paix boîteuse n'était que le prélude de

<hr>

(1) B. N., Ms fr. n° 2,699, f° 69 : « Lectres du roy (Jean) de envoyer ses hostages dedans noël ensuivant. 1er novembre 1360. »

(2) J. DE SERRES, *Hist. de Fr.*, t. II, p. 139.

(3) *Id. Invent.*, p. 884.

(4) *Id. Hist. de Fr.*, t. II, p. 130.

(5) BELLEFOREST, t. II, p. 929.

la lutte suprême, et trop habile pour se laisser prendre au dépourvu. Dès 1367, dit un historien [1], le roi de France reprochait au roi d'Angleterre de faire acte de souveraineté en Ponthieu ; dès 1366, faut-il dire, car nous avons des lettres du 10 juin de cette année, par lesquelles « le bailly d'Amiens, Jehan de Quessebronne, prevost de Monstrel [2], Colart de la Porte, Nicolas de Mante, Pierre du Bus, maistre Guy Ponche, Jehan Laudee, bourgeois de Saint-Omer, Pierre de Bouberch, Robert Baillet, Simon du Prieur, prevost de Vimeu, Mailly de Bouberch, Henri Petit, clerc, Wermont de Lessart », et autres, sont nommés commissaires royaux pour s'entendre avec « les commissaires du roy d'Engleterre qui, ou ses gens, ont prins et occupé, et de fait tiennent et occupent et s'efforcent de occuper pluisseurs lieux, terres et segnouries qui ne lui doivent poinct appartenir, anchois [3] doivent à nous demourer seul et pour le tout [4]. » Le 8 février 1367, Charles V mande à Jacques le Riche, doyen de Paris et maître des requêtes de son hôtel, à Guillaume, sire de Dormans, chancelier de Dauphiné, Jean Barreau, gouverneur du bailliage d'Amiens, et Guillaume de la Bercherie, sénéchal du Boulonnois, de se rendre à Montreuil pour s'entendre avec les commissaires du roi d'Angleterre « sur plusieurs descors et debas.... touchans les païs et lieux de Ponthieu, de Guynes, de Calais, de Merk, de Langle, de Monstereul et ailleurs en

---

(1) KERVYN, *Froissart*, t. x, p. 283, note.
(2) Montreuil.
(3) Mais.
(4) *Layett. Ponth.*, J, 236, n°ˢ 71 et 74.

ycelles parties [1]. » Nicole de Louvain, sénéchal anglais, s'arrogeant le droit suprême de grâce, Charles, le 6 septembre 1368, affirme sa souveraineté sur le Ponthieu en accordant des lettres de rémission à Gérard de Lessiel et autres habitants d'Abbeville [2]. Les exigences d'Edouard s'accroissent en raison de son mécontentement ; la situation se tend chaque jour davantage ; les deux princes se reprochent mutuellement l'inexécution du traité ; mais « les demandes des Anglois sont si déraisonnables qu'on voit bien que l'Angleterre ne vouloit point de paix ; les offres de la Cour de France sont au contraire si avantageuses qu'on reconnoît assez qu'elle ne souhaitoit rien tant que la paix ou une trève de plusieurs années [3]. »

Prévoyant et calme, ne laissant rien au hasard, Charles ne ménage pas ses bienfaits aux personnages influents des pays cédés ; le 8 août 1366, il donne à vie le château de Saint-Jengon, cinq mille livres de rente sur le trésor, autant en terres, et dix mille livres de pension pour la garde desdits château et terres [4] à Jean, comte d'Armagnac, de Fezensac et de Rodez, vicomte de Lomagne et d'Auvillars, dont les filles avaient épousé l'une Jean de France, duc de Berri et d'Auvergne, frère du Roi, l'autre Jean, duc de Gironde, fils aîné du roi d'Arragon ; en 1368, Charles marie sa belle-sœur, Marguerite de Bourbon, avec Amanieu, sire d'Albret [5], vicomte de Tartas, grand-

---

(1) *Ibid.*, n° 75.
(2) Grenier, t. lvii, f° 71. — Du Tillet, *Traités.* p. 294.
(3) B. N., ms franç., n° 2,699, f° 2.
(4) Le P. Anselme, t. iii, p. 294.
(5) *Id.* t. vi, p. 210

chambellan de France, fils de Bernard d'Albret et de Marthe d'Armagnac. Ces seigneurs sont les premiers à secouer le joug de l'Anglais en appelant au roi de France, comme à leur souverain seigneur, des abus et excès du prince de Galles, duc d'Aquitaine ; ils sont suivis dans leur protestation par le comte de Périgord, le comte de Comminges, le vicomte de Carmaing, le sire de Condom, le sire de Pardaillan, et autres puissants seigneurs.

Le comte d'Armagnac, portant la parole « pour les malcontents députés de Gascogne [1] », tint au Roi ce mâle langage :

« Sire, le prince de Galles, le plus fier et orgueilleux de la terre, ne prétend rien moins que toute souveraineté sur nous au mépris du sceptre françois, et, pour faire espreuve de nostre subjection, nous taille et nous quotise par des subsides et imposts, autant inouis qu'insupportables à une nation libre, à austres fins que pour faire un fonds aux fins de guerroyer contre la France. Il est certain qu'il publie et se jacte [2] que Votre Majesté lui a cédé le droit de ressort et de souveraineté. Mais, outre ce que nous savons bien que cela ayant esté proposé n'a jamais esté entièrement résolu, faute de renonciation authentique, nous soustenons, avec la révérence de Vostre Majesté, que ny vous, ni le feu Roy vostre père de très-heureuse mémoire, n'avez peu nous assujétir à un prince estranger sans nostre consentement, veu que nos ancestres se sont soumis aux vostres avec ceste condition de n'estre point traduits,

(1) Dupleix, t. ii, p. 577, ann. 1368.
(2) Se vante.

pour cause ou sous prétexte quelconque, en une domination étrangère : ny mesme avec nostre consentement, sy tant est que, par la loy fondamentale de Votre Estat, la Souveraineté de vostre couronne, en son tout et en ses membres, soit inaliénable. Que sy, par quelque considération que ce soit, Vostre Majesté se résolve à nous abandonner à la tyrannie angloise, nous aimons mieux nous donner à quelque prince voisin comme nos maïeurs s'assujétirent anciennement aux Rois vos devanciers, recognoissant que le gouvernement françois était plutôt une puissante protection des subjets qu'une domination absolue [1]. »

Jamais plaintes, dit Dupleix, ne furent mieux reçues que celles de ces seigneurs gascons. Le roi d'Angleterre ayant négligé d'envoyer ses plénipotentiaires à Bruges et n'ayant pas renoncé à ses prétentions sur la couronne de France, le roi de France par contre n'ayant pas renoncé à la souveraineté des pays cédés, cette suspension donnait le « droit à ces seigneurs de se regarder toujours comme vassaux du Roy et d'avoir recours à luy comme à leur Souverain, et qui l'estoit aussi du prince de Galles, vu qu'il n'avoit point encore renoncé à cette souveraineté [2]. »

Le 25 janvier 1369, Bernard Palot et Jean de Chaponval sont députés par le roi de France pour porter au prince de Galles la citation dont la teneur suit [3] :

(1) DUPLEIX, t. II, p. 577.
(2) Le P. DANIEL, t. II, p. 658.
(3) GRENIER, t. XXXVII, f° 196. — LANCELOT, *Preuv. du Mém. des pairs*, p. 584. — ISAMBERT, t. V, p. 319. — FROISSART, éd. Buchon, t. I, p. 560.

« Charles par la grâce de Dieu Roy de France a nostre nepveu le Prince de Galles et d'Aquitaine Salut. Comme ainsy soit que plusieurs prelats, barons, chevaliers, universitez, communautez et colleges des marches et limites du païs de Gascongne, demeurans et habitans ès bandes de nostre royaulme avec plusieurs autres du duché d'Aquitaine, se soyent traits par devers nous en nostre (cour) pour avoir droit d'aucuns griefs et molestes indües que vous par foible conseil et simple information avez proposés de leur faire et de laquelle chose sont esmerveillés. Donques pour obvier et remedier a ces choses, nous nous sommes ahers et aherdons [1] avec eux tant que de nostre majesté et seigneurie nous vous commendons que vous veniez en nostre cité de Paris en propre personne, et vous montriez et presentiez devant nous en nostre Chambre des pairs pour oir droict sur les dictes complainctes et griefs esmeuz de par vous a faire sur nostre peuple qui clame a avoir et oir ressort en nostre cour, et a ce n'y ait point de faute et soit au plus hastivement que vous pourrez après ces lettres veües. En tesmoing de quoy nous avons a ces presentes mis nostre scel. Donné a Paris le vingt cinq^e jour du mois de janvier M. CCC. L. X. VIII. »

« Après la lecture de cette lettre le prince de Galles fit réponses aux députés du Roy : Nous irons volontiers a Paris puisque mandé nous est du Roy de France, mais ce sera le bacinet en teste et soixante mil hommes en notre compagnie. Votre Roy n'est

---

(1) *Aherdre* ou *aherdir*, du latin *adhœrere*, prendre, saisir, s'attacher.

pas bien conseillé de se perdre avec nos sujets et de se vouloir faire juge de ce dont a lui n'appartient rien. Non, il n'a point de droit, car bien lui sera montré qu'a rendre et mettre en saisinne Monseigneur mon père, ou ses commis, de toute la duché d'Aquitaine, il en quitta tous les ressorts ; et tous ceux qui ont formé leur appel contre moi n'ont autre ressort qu'en la cour d'Angleterre de Monseigneur mon père, et ainçois qu'il soit autrement. il en coustera cens mil vies. »

« Laissa aller les députés du Roy sans autre réponse, toutefois il envoya après eux du depuis, et les fit arrester sur la terre d'Agenois, et mener prisonniers en la ville d'Agen.

« Le roy d'Angleterre ne faillit point de se plaindre et envoyer aussitôt les articles dressés en son conseil contenans les contraventions qu'il maintenoit avoir esté faites par le Roy de France, ses gens et officiers, à la paix de Bretigny [1]. » Mais dans ces escarmouches « de clercs et de robins », — qui lui faisaient hausser les épaules, — Edouard III ne devait pas avoir le dernier mot. Charles, sentant qu' « il y alloit bien avant de son honneur, lequel il falloit justifier par bonnes et vallables raisons [2] », lança le 19 mars en forme d'édit une apologie « de ce qu'il a reçu les appellations » des seigneurs de Gascogne [3]. Edouard avait auprès de lui des ambassadeurs que le roi de France y entretenait pour discuter les difficultés que présentaient fréquemment les clauses du traité de Bretigny ; il les fait paraître en sa présence, les

(1) Grenier, t. xxxvii, f° 196-197.
(2) J. de Serres, *Invent.*, p 885
(3) Grenier, t. lvii, f° 68.

traite durement. et leur commande d'écrire à leur
maître de rentrer au plus tôt dans les bornes du traité,
qu'il a violé ouvertement « par la protection qu'il
accorde aux révoltés de la Gascogne et du Ponthieu [1] »;
d'envoyer ses lettres de renonciation à la souveraineté
de ces provinces, et qu'alors il pourrait faire de son
côté les renonciations auxquelles il était obligé.
Charles répond à cette sommation impérieuse en con-
voquant un parlement composé « de nobles, clers` et
bourgois [2] ». Sans attendre la réunion de cette assemblée, qui eut tout le caractère d'Etats généraux
du royaume [3]. Charles, sentant la guerre inévitable,
imminente, pratique des intelligences dans les pays
cédés. Le 23 avril, il écrit aux maire et échevins d'Abbeville, capitale du comté de Ponthieu, pour les
engager à rentrer sous son sceptre [4]; il invite secrètement les principaux seigneurs du comté à reprendre
« le lys de France, aussitost que la guerre seroit dé-
clarée, et à chasser de chez eux les garnisons an-
gloises, qui s'estoient rendues odieuses à leurs hostes
par leur arrogance insupportable [5]. »

Le 2 mai, l'assemblée plénière tient sa première
réunion. « Ce qui me détermine à la mettre au rang
des Etats-Généraux, dit Secousse, c'est que non-seulement elle fut composée des trois ordres, mais qu'il y
assista, disent les *Chroniques de Saint-Denis*, des

---

(1) Genoude, t. IX, p. 180.
(2) Christine de Pisan, IIe part., ch. VII.
(3) Secousse, *Ord. des Rois*, t. VI, préf. — *Cérémonial franç.*,
t. II, p. 430. — Lancelot, *Mém. des pairs*, anx preuves, p. 585.
— Isambert, t. V, p. 326.
(4) Grenier, t. LVII, f° 71.
(5) Dupleix, t. II, p. 579.

personnes envoyées par le clergé et par les villes. Cette députation est ce qui caractérise les assemblées des Etats-Généraux et qui les distingue des assemblées des notables, qui ne sont formées que de ceux que le Roy a nommés pour y assister, et des conseils extraordinaires [1]. »

Le comte d'Armagnac et les autres seigneurs appelants se présentent devant les Etats et renouvellent leur plainte. Il est donné lecture de la sommation peu mesurée du roi d'Angleterre; un même sentiment d'indignation patriotique fait battre tous les cœurs; il est arrêté qu'il sera répondu article par article aux réclamations et récriminations d'Edouard. Le 9 mai, « le roi de france fu en la chambre de parlement, séant et la royne sa femme assise d'encoste lui, et le cardinal de biauvez au-dessus, ou lieu duquel siet le premier président. Et en ce renc séoient les arcevesques au nombre de XV, et plusieurs prélas envoyez en celle convocacion séoient es bans es bans. Et ou renc ou séoient les lais de parlement séoient les dus dorléans, de berri et de bourgougne, le conte dalenchon, le conte destampes, tous des fleurs de lis, et plusieurs autres nobles. Et aussi avoit à la dite assemblée gens des bonnes villes *et autres*, envoyez en la dite assemblée si grand nombre que toute la chambre de parlement estoit plaine. Et là fist dire et exposer le roi par le dit cardinal de biauvez, et après par messire Guillaume des Dormans, frère dudit cardinal, comment il avoit esté requis par les dis appellans du duché de guyenne de recevoir leurs dites appellacions, et comment il avoit esté conseillé de les recevoir, et

(1) SECOUSSE, *ibid*

que il ne les pouoit ne deuoit reffuser...... Et fu dit en playne audience par la bonté du roy, oyans tous, que se ils véoient quil eusist fait chose que il ne deust, ils le deissent, et il le corrigeroit, car il navoit fait chose que bien ne se peust amender, se deffaute y avoit. Et fu dit a tous, tant par le roy comme par le dit cardinal, que chascun y pensast, et que le vendredi, bien matin, retournassent en la chambre de parlement pour dire leur advis sur ce. Et le joedi ensuivant, jour de lassencion, aprez disner, le roy et la royne, et grand nombre des conseillers du roy, tous prélas et nobles, se rassemblerent en la dite chambre de parlement, et furent tous d'un accord par la manière qui s'ensuit [1]. »

Les députés des villes et les seigneurs des terres cédées remontrent vivement au Roi « qu'estant question de l'intérest universel de l'Estat, ils ne doivent estre pressez par luy d'obéir à une chose illégitime, ouvertement contraire à la loy fondamentale du Royaume, qui ne permet au Roy de faire bresche à la couronne et aliéner le bien du domaine royal, du tout inaliénable; que ce contract, faict en prison pour racheter le Roy, a esté forcé et, par conséquent, incivil et non soustenable par le droit des gens [2]. » Ils affirment « que la sujection dépendant de la volonté des peuples aussi bien que de celle des souverains [3] », ils n'ont pu être cédés à un autre seigneur sans le consentement

---

(1) B.-N., ms fr. n° 10,143. *Chron. de Fr.* f° 295: » Du parlement que le Roy tint sur lestat des appellacions dont mencion est faicte. » — Nic. GILLES, t. II, f° 35. — ISAMBERT, t. V, p. 326.

(2) J. DE SERRES, t. II, p. 139.

(3) MÉZERAY, t. I, p. 878.

des Etats de la province, et qu'ils ne veulent relever que du roi de france. « A cette résolution s'adjoustèrent les effects par une si roide opiniastrise qu'ils déclarent franchement à Charles qu'ils despendroient gayement biens et vies, avant de tomber entre les mains du Roy d'Angleterre : et au contraire employeroient le verd et le sec pour se maintenir sous la servitude de la couronne de France. Cette fidèle confiance des intéressez ne pouvoit estre que fort agréable à Charles [1]. » Séance tenante il fut voté « que le Roy à juste cause et raison avoit raisonnablement fait ce qu'il avoit fait, et ne le povoit refuser. Et que se le roi dengleterre faisoit guerre pour cette càuse, indeuement ce seroit et sans raison. Et autant en fu dit le vendredy ensuiant XIe jour de may. Et aprez furent leues les responses qui avoient esté avisees a faire au roi dengleterre sur la bulle ou cedule qui avoit esté baillee aux gens du roi de france en engleterre, lesquelles responses furent approuvees de tous ceux de la dite assemblée. Et fu ordoné que le Roi envoyeroit en engleterre au conseil du dit roi [2] », « et guerre decrétée contre les angloys, à laquelle tous s'offrirent servir le Roy Charles de corps et de biens [3]. »

La cédule ou réponse du conseil de Charles V, véritable chef-d'œuvre de logique et dé clarté, ne laissait dehout aucun des arguments invoqués par le roi d'Angleterre et contenait un écrasant exposé des griefs du roi de France, entre autres le suivant :

« Item, que le dit prince de Galles a prins ou fait

<hr>

(1) J. de SERRES, *Hist.*, t. II, p. 139.
(2) B. N. Ms. fr. n° 10,143, f° 195. — ISAMBERT, t. V, p. 326.
(3) DU TILLET, *Réc.* f° 90.

prendre et mettre en prison maistre Bernard Palot et
mons. Jehan de Chaponval, commis ou députez de par
le roy de France, de par son seneschal à Thoulouse, à
présenter audit prince les lettres du roy de france par
lesquelles ledit prince estoit adjourné en court d'appel
par devant le roy en sa court de parlement, à Paris, à
l'instance et requeste dudit conte darmignac, et les a
tenus prisonniers par long temps et en encore detient
en grand content [1] et mesprisement du roy et de sa
souveraineté, et en attemptant et entreprenant contre
icelles souverainetez....

« Comme le roy de France ait fait et accomply tout
ce en quoy il estoit tenus par le traictié pour avoir la
quinte partie des hostages nobles qui sont en Angleterre, que la quinte partie lui soit délivrée. Et,
pour ce, demande ceulx dont les noms sensuivent.
Cest assavoir le conte de Harecourt, le seigneur de
Montmorency, le conte de Portien et le sire de
Roye.

« Comme, par le dit traictié de la paix, les souverainetez et ressors du roy nostre sire luy doivent
demourer entièrement, sanz ce que le roy dangleterre
en doye ou puisse user en aucune manière, et il soit
ainsi que le dict roy dangleterre et ledit prince son
filz se sont efforcez et encores s'efforcent, en plusieurs
manières, de user des dictes souverainetez et ressors,
comme en pontieu ils ont ordonné nouvellement un
siège dappellations par devant le gouverneur de pontieu, pour congnoistre des appellacions quilz feront
du seneschal de pontieu, duquel seneschal len [2] doit

(1) Dedain, mépris.
(2) On.

appeller sanz moien [1] au gouverneur d'Amiens à Paris [2]. Et ainsi a il esté faict de tout temps [3]. »

Il convient de noter pour la claire intelligence de ce qui précède, et pour pouvoir apprécier la conduite de Charles V, que, n'ayant renoncé à la suzeraineté des pays cédés ni au ressort de justice souveraine, il ne pouvait, en droit féodal, ne pas donner suite à l'appel de ses vassaux, et par conséquent, pour entendre les parties, il était dans l'obligation de citer à sa barre le prince de Galles, qui de fait n'avait pas cessé d'être lui-même son vassal.

Les Etats généraux avaient décrété la guerre. Comme le prince de Galles avait violé le droit des gens en emprisonnant les députés du roi de France, Charles envoie déclarer la guerre à Edouard III par un valet de cuisine. Il remet en sa main le comté de Ponthieu « pour plusieurs très graves et énormes rébellions [4] », puis confisque la Guyenne pour crime de forfaiture [5]. Les peuples répondent avec enthousiasme à ces actes de vigueur ; le Ponthieu, dit Polydore Virgile, est le premier à se soulever contre les anglais [6] ; Hugues de Châtillon, vaillant chevalier dont ils avaient saccagé le domaine, reprend triomphalement possession d'Abbeville au nom du Roi ; bientôt l'étranger est chassé de ses forteresses, la terre de Ponthieu tout entière

(1) Intermédiaire.

(2) Nous voyons, en effet, qu'en 1275 les appels d'Abbeville allaient aux assises du bailliage d'Amiens, et de là au Parlement. — GRENIER, t. XCI, f° 143-145.

(3) B. N., Ms fr. n° 1113, *Pièces sur l'Hist. de Fr.* — N° 2,699. *Lettr. et mém.* p. 115-137. — *Chron. de Saint-Denis.*

(4) GRENIER, t. LVII, f° 71.

(5) ISAMBERT, t. V, p. 338.

(6) GRENIER, t. LVII, f° 30.

redevient française, et Charles V peut dire avec le psalmiste :

« Seigneur, vous m'avez donné du courage et vous avez mis sous mes pieds ceux qui s'élevaient contre moi ! Vous avez fait tourner le dos à mes ennemis et vous avez exterminé ceux qui me haïssaient [1] ! »

VII

Abbeville, fille de la royauté, doit sa naissance à Hugues Capet. Le Ponthieu, vieille et chevaleresque avant-garde de la France, tient dans ses fastes une place d'honneur. La fidélité des Pontiviens était faite de loyauté et de gratitude. Soixante ans avant qu'Abbeville connût le bienfait des franchises municipales, Saint-Riquier recevait de Louis VI sa charte de liberté [2]. Les bannières communales du Ponthieu flottaient au soleil de Bouvines ; saint Louis ne l'oublia pas, et il eut à cœur de visiter la cité fidèle dont les bourgeois avaient été les compagnons d'armes de son victorieux aïeul.

L'attachement d'Abbeville à la patrie française ne fut pas sans épreuves. Le 15 juin 1279, son maïeur et ses échevins durent prêter serment de fidélité à

(1) Ps. xviii, 17, 39, 40.
(2) Chap. vii. — Cotron, f° 15.

Edouard Ier, roi d'Angleterre, et à la reine Eléonore, son épouse, à qui les comtés de Ponthieu et de Montreuil étaient échus par le décès de Jeanne, reine de Castille et de Léon ; mais, si l'héritier de ces comtés était anglais, le Ponthieu ne cessait pas d'être français, puisque le roi de France demeurait son seigneur souverain, et, quant à ses franchises et libertés, le maire n'avait prêté serment entre les mains du procureur qu'après que celui-ci eut juré lui-même, au nom du nouveau comte et de la comtesse Eléonore, « de conserver la commune dans ses us et coutumes, voulant que leurs hoirs en fassent de mesme, à l'exemple de leurs prédécesseurs. » Nous voyons, en effet, qu'en 1266, Jean de Nesle, comte de Ponthieu, et Jeanne de Castille, sa femme, avaient fait le serment de fidélité au maïeur avant de recevoir le sien [1].

Le serment, dans ces temps de foi vive et de loyauté rigide, n'était pas une banale formalité ; il se faisait « sur la vraie croix et sur les sainctes évangilles de Dieu » ; c'était une cérémonie solennelle, un lien sacré ; les pervers eux-mêmes hésitaient à le transgresser, et les communes se sentaient engagées devant Dieu par la parole de leurs magistrats.

Le mariage d'Edouard II, comte de Ponthieu après son père, avec Isabeau de France, fille de Philippe-le-Bel, servit encore à rendre moins lourde aux Pontiviens la domination de princes étrangers. Par acte du 14 mai 1308, Édouard assigna les revenus du comté à la reine, sa femme, qui vint, quatre ans après, trait-

---

(1) GRENIER, f° 127. — CARTE, t. I, p. 10 : « Forma sacramenti quod Rex fecit hominibus de Abbavilla, et sacramenti per eos ipsi Regi facti. » — BRÉQUIGNY, t. VII, p. 145, 156 ; t. VI, p. 481. — ROSNY, t. IV, p. 2.

d'union vivant entre la France et le Ponthieu, fixer sa résidence à Abbeville.

La domination des nouveaux seigneurs, dit M. Charles Louandre, n'eut rien d'oppressif, aussi longtemps que leur autorité ne fut point menacée. Ils avaient intérêt d'ailleurs, à s'attacher une population aussi vaillante que commerçante : le maïeur d'Abbeville était une puissance que les rois-comtes ménageaient et avec laquelle ils passaient des traités comme avec un de leurs pairs [1]. Ils confirmèrent les priviléges des villes, leur accordèrent le droit de trafiquer librement en Angleterre, et développèrent à tel point le commerce international que l'étape, c'est-à-dire l'entrepôt du Crotoy, rapportait, chaque année, pour les droits de douanes, une somme équivalente à deux millions de notre monnaie.

En 1310, dans un différend avec l'abbaye de Longvillers, Edouard II accepte une expertise dont le jugement sera soumis au roi de France en son Conseil. Le 13 juin 1315, à Westminster, ce prince « signe à l'accord entre l'évêque d'Exeter et autres, d'une part, et les officiers du roi et les bourgeois d'Abbeville, d'autre part, au sujet de discords relatifs à des impôts indûment perçus par les baillis royaux [2]. » Le proverbe populaire qui dit que « le bon Dieu vaut mieux que ses saints » trouve ici son application. Edouard affectait de grands égards envers les bourgeois d'Abbeville; quand la justice du maïeur atteignait un des protégés du roi-comte, celui-ci n'usait du droit souverain de

___

(1) CARTE, t. I, p. 14 : « Lettres du 6 juin 1281 par lesquelles le maïeur et la commune d'Abbeville acceptent le traité passé avec le roi d'Angleterre. » — BRÉQUIGNY, t. VII, p. 174.

(2) CARTE, t. I, p. 49.

grâce qu'après avis conforme du conseil de la ville.
Mais les officiers du roi d'Angleterre, moins politiques,
moins circonspects que leur maître, faisaient sentir
au peuple de Ponthieu que son seigneur n'était pas
seulement un puissant feudataire, mais un monarque
de qui la volonté devait faire loi. Déjà, ils s'attachaient
à absorber le ressort de justice souveraine, qui n'appartenait qu'au suzerain, c'est-à-dire au roi de France;
mais les Abbevillois défendirent résolûment leurs us
et coutumes, en un mot, leur nationalité; car les pra-
tiques anglaises n'avaient pas, en réalité, d'autre ob-
jectif que de les détacher insensiblement de la terre
de France. Le 17 juillet 1320, le maire et les échevins
déclarent, dans une charte scellée aux armes de la
commune [1], qu'ils ont « traitié de pais et d'acort »
avec le roi et la reine d'Angleterre, comte et comtesse
de Ponthieu, qui leur reconnaissent leur droit d'appel
suprême au roi de France, en son parlement. Toutefois, le roi d'Angleterre dut soulever de nouvelles difficultés et le maïeur en appeler au suzerain Philippe-
le-Long ; car, dans une charte du 18 octobre de la
même année, Raoul, évêque de Laon, Miles de Noyers
et Amaury de Craon déclarent qu'ils ont été envoyés
à Abbeville par le roi de France pour mettre fin, par
jugement ou par accord, au différend existant entre
le roi d'Angleterre et cette ville, et qu'ils ont traité par
accord à la satisfaction des deux parties [2].

[1] Sceau en cire jaune : *Sigillum maioris communie Abbatis-
ville*. Le maïeur est à cheval, portant l'épée nue et le bouclier.
Contrescel : *Secretum Abbatisville*. L'écu porte trois bandes. (A.
N., J. 237, n° 102.)

(2) A. N.-J 237, n° 102 *bis*. « Ou boys de Vincennes le 18 jour
de octobre lan de grâce mil ccc et vint. »

En 1336, Philippe de Valois confisque le comté de Ponthieu sur Edouard III, pour forfaiture, et le donne, en 1345, à Jacques de Bourbon. Abbeville, délivrée du joug de l'Anglais, redouble de dévouement envers la patrie française. « En 1340, ses navires, alors très-nombreux, combattent à l'Ecluse. En 1346, ses milices communales, aux ordres du maïeur Colart le Ver, font subir un grave échec à l'arrière-garde d'Edouard III, lui tuent deux cents hommes et ramènent quatre-vingts prisonniers [1]. »

C'est ici que se place un fait d'armes glorieux pour elles et pour la chevalerie de Ponthieu ; Froissart, peu suspect de partialité en faveur des Français, en avait fait, dans la première rédaction de ses *Chroniques*, un récit qu'il supprima dans les rédactions ultérieures. L'avant-veille de la bataille de Crécy, Gérard IV d'Abbeville, sire de Bouberch, avec une poignée de vaillants, attaque résolûment l'armée anglaise à Oisemont, lui inflige des pertes sensibles et ne succombe qu'écrasé par le nombre.

« Et avoient pour cappittainne, dit Froissart, ung bon chevalier banerech, le seigneur de Bouberk, hardi homme durement..... Mais finablement, ils furent si dur combatus et tant y sourvint de nouvelles gens sus eux que ils perdirent la place..... Et y fu li sires de Bouberk, très bons chevaliers, bien assaillans et bien deffendans, et fu pris et prisonnier a monseigneur Jehan Camdos. »

Dans « li sires de Bouberk » dont Froissard célébrait la vaillance, M. le comte de Boubers-Abbeville a vu « Jean de Bouberch, seigneur de Tunc ». L'erreur est

(1) Ch. Louandre, *Notice*, p. 5. — C. F. Louandre, *Maïeurs*, p. 3.

manifeste : Froissart, si expert en chevalerie, l'eût appelé « li sires de Tunc ». Le seigneur ou sire de Bouberck était le possesseur, le titulaire de la seigneurie de Bouberck, et le passage rapporté ci-dessus ne peut, en conséquence, s'appliquer qu'à Gérard d'Abbeville, qui fut sire de Bouberck de 1343 à 1385.

M. le comte de Boubers reproche à Froissart d'avoir retranché de ses chroniques révisées le récit de cette chaude affaire, « par un motif qui n'est pas sans suspicion de partialité de sa part en faveur d'Edouard III », et il croit que le chroniqueur avait primitivement emprunté ce récit de Jean le Bel, son maître et son modèle. Assurément la suspicion n'est pas téméraire envers Froissart ; ses premiers travaux historiques, ceux surtout qu'il avait puisés dans les manuscrits de Jean le Bel, portaient le titre de *Chronique d'Angleterre* : Charles V et son successeur ne voulurent pas admettre dans leur « librairie » les œuvres d'un historien inféodé à l'ennemi personnel de leur maison [1], à l'ennemi héréditaire de leur patrie, et qui, dans le récit des funestes batailles de Crécy et de Poitiers, s'était plu à rehausser la gloire des vainqueurs. Les marques de sa partialité sont nombreuses et flagrantes ; dans sa seconde rédaction, les faits le moindrement défavorables aux Anglais sont élagués ; par exemple, il s'abstient de les montrer après la prise du Crotoy, affamés, sans chaussures, vivant de bétail violemment réquisitionné [2] ; il retranche de ses chroniques tout ce qui, dans celles de Jean le Bel, a rapport au sanglant outrage infligé à la comtesse de

(1) Van Praet, p. 239.
(2) *Mém. de la Soc. des Ant. de Pic.*, t. III, p. 142. (Ms de Froissart de la bibl. d'Amiens, par M. Rigollot.)

Salisbury par Edouard III. Dans sa première édition, il avait fait un long récit de l'épisode historique du vicariat impérial conféré par Louis de Bavière à Edouard ; la reine Philippa, à qui Froissart soumit son manuscrit, lui fit comprendre sa maladresse de courtisan, et le morceau fut si bien effacé dans la révision qu'il ne resta plus qu'une simple mention du vicariat, comme fait historique impossible à céler, mais sans aucune mention de l'humiliante cérémonie [1]. Froissart, enfin, ne dit pas un mot des importantes négociations qui eurent lieu, en 1369, avant la guerre, entre Charles V et Edouard III, ni sur l'échange de propositions et de réclamations, parce qu'il n'eût pu les relater sans laisser percer la duplicité du roi d'Angleterre, la faiblesse de son argumentation, l'antipathie des populations annexées.

Jean le Bel, riche chanoine de Liège, vivant en chevalier plus qu'en ecclésiastique, avait accompagné en Angleterre Jean de Hainaut, dont il était resté l'ami et qui lui fournissait des renseignements précieux. « Jean de Hainaut, dit M. le docteur Rigollot, rattaché à la cause française, a dû raconter les faits sous un jour qui ne pouvait que déplaire aux Anglais » ; cependant Jean le Bel leur est obstinément favorable, en dépit de ses accès de franchise.

Ses *Chroniques* ont été publiées en 1863 [2] ; il déclare hautement ses préférences pour le roi d'Angleterre et il les explique en chargeant le roi de France [3].

---

(1) FROISSART, éd. Buchon, t. III, p. 399. — Voy. KERVYN. *Du Vicariat imp. conf. à Edouard III.*

(2) Les *vrayes Chroniques de messire Jehan le Bel* (1326-1361), publ. par L. Polain.

(3) T. II, p. 61.

Ce n'est pas à Jean le Bel que Froissart avait pris les détails du récit de ce glorieux combat dans lequel le sire de Boubers fut fait prisonnier par Chandos ; car voici tout ce que le chanoine de Liège dit de cette affaire :

« Quant ces gens d'Oysemont virent les Angloys, ilz se trairent hors, pensans soy deffendre, mais quant ils sentirent les saiettes des Angloys, tout volentiers se retirèrent et mirent à la fuyte ; et en y eut grant nombre de mors, de navrez et de prisonniers, et fut la ville prise et robée : et se loga le noble roy, celle nuist, ou maistre hostel [1] ».

On voit que la rédaction de Froissart, calquée sur celle de Jean le Bel, était cependant beaucoup plus explicite et moins défavorable aux combattants français. Froissart relate également l'empressement que mirent les milices d'Abbeville et du Ponthieu à se rendre à l'appel du Roi pour couper la retraite aux Anglais. Messire Godemars de Fay « manda les bourgois de Abbeville quils veinssent là avecques lui pour aidier à garder le passage (de Blanquetaque). Si y vinrent mult estoffement et en grant arroy... Là eut grant occision et maint homme mort, car cil qui estoient à piet ne povoient fuir. Si en y eut grant plenté de ceux de Abbeville, de Monstruel, de Rue et de Saint-Rikier mort et pris. Et dura la chace plus d'une grosse heure. »

Dans la même année 1346, Abbeville envoie aux Calaisiens deux cents volontaires, qui partagent avec eux, jusqu'au dernier jour du siège, les périls et l'honneur de la défense. Elle met sur pied, pour renforcer

____

(1) T. II, p. 82.

l'armée de secours que Philippe de Valois rassemblait à Bruges, « cinquante bons et souffisans arbalestriers, et cinquante bons sergents à pavois et à lances. » Ses marins, commandés par les patrons Marant et Mestriel, forcent vingt fois, pour ravitailler Calais, le blocus de la flotte anglaise, et Froissart lui-même rend hommage à leur intrépidité [1].

Chez les Abbevillois, « simples gens marchans de loiaux marchandises », comme ils écrivaient à Philippe de Valois, le patriotisme l'emportait sur l'intérêt. Après le désastre de Poitiers, leurs volontaires n'abandonnent pas la lutte ; pour que l'Anglais ne puisse se fortifier dans le Ponthieu, ils ruinent les ponts, les remparts, les châteaux, et, à peine sorti de captivité, le roi Jean adresse « à ses bien amés maïeur, eschevins et commune d'Abbeville » des lettres de rémission, qui sont plutôt des lettres d'honneur, « touchant la destruction faite par eux de plusieurs châteaux et maisons fortes, savoir le château de Long et les maisons seigneuriales de Drucat, Yaucourt, Mautort, Mareuil, occupés par l'ennemi, au dommage de la patrie et de toute la république de notre royaume, et spécialement de la dite ville d'Abbeville [2] ».

Devenu maître du Ponthieu par le traité de Bréti-

---

(1) Ch. Louandre, *Notice*, p. 6 et note 1 : « Les marins d'Abbeville se mirent plusieurs fois en grand péril et furent moult de fois chassés et presque prins et attrappés, mais toujours échappaient eulx, et firent maints Anglais mourir et noyer, ce siège durant devant Calais. » — Froissart, éd. Buchon, t. x, p. 422.

(2) *Coll. Moreau*, t. ccxxxiv, p. 178 : « ... In dampnum patrie et totius reipublicæ regni nostri detrimentum et specialiter ville Abbatisville predicte. » Lettres du 16 nov. 1360. — Du Tillet, *Recueil*, p. 269.

gny [1], Édouard III reprit à l'égard des Abbevillois la tactique doucereuse de ses prédécesseurs, « la cuillerée de miel » d'Henri IV. Le 25 juin 1361, au château de Windsor, il ratifie « les libertés des bourgeois d'Abbeville [2] ». Le 31 octobre 1363, il leur accorde le privilége d'apporter à Calais et d'en exporter en franchise les marchandises de toute espèce [3]. Il leur rend justice, lorsque ses officiers ont outrepassé leurs droits [4].

Le 26 juin 1364, à Westminster, Édouard signe des lettres portant que « Nicole de Lovain est nommé seneschal du domaine de Ponthieu [5] ». — « En l'an de grâce 1364, dit le Père Ignace, le douzième jour d'aoust, vint en la ville d'Abbeville messire Nicole de Louvain, chevalier, pour estre seneschal de Ponthieu de la part du roy d'Angleterre, et fit lire son pouvoir au chasteau de Ponthieu, en la présence de Coulart de Biencourt, bailly d'Abbeville, Villaume de Gaytonne, bailly de Rue, Jean de Walluc, bailly de Crécy, Henry Barbery, bailly d'Argueil et d'Airaines, Fremin de Fontaines, bailly de Waben, messire Jean de Bouberck, chevalier, Mathieu au Costé, maïeur d'Abbeville, estant sur la fin de son année, Philippe d'Estrelée, maïeur du Crotoy, Andrieu de Here, maïeur de Rue, Honoré

----

(1) Du Tillet, *Rec* , p. 272 : « Acte do la réception des commissaires du roy Edouard des comtés de Poictou.... et de Ponthieu, 1361. »

(2) Carte, t. ii, p. 83.

(3) Grenier, t. ccxxx, f° 198.

(4) Carte, t. ii, p. 90 : « De justitia facienda super dampnis factis hominibus de Abbovile. » Windsor, 24 mai 1365, p. 91 : « De attemptatis reformandis super juridictione Regis apud Abbeville. »

(5) *Ibid.*, p. 90.

Le Flament, maïeur de Waben, Aliaume du Bos-
Raoul, Wystache Cacheleu, Jean de Daregny, Engué-
rant Delegoce, Mahieu Clabaut, Eustache au Costé,
hommes des plus renommés de Ponthieu, et plusieurs
autres personnes. Son pouvoir et sa commission estant
leüe, le maïeur et les eschevins de la ville d'Abbeville
luy firent serment de garder les droits du roy d'Angleterre et luy porter obéissance. Et, après cela, le seneschal fit serment sur le livre du Missel où sont les
évangiles, au nom du roy d'Angleterre, de garder les
droits, libertés, franchises, usages, chartes et privilèges de la dite ville d'Abbeville, en la présence des
susdits, et la copie de son pouvoir fut gardée sous le
scel de la seneschaussée. Il faut cependant noter que
les maïeur et eschevins, conformément à leurs priviléges, désiraient le serment d'Edouard en propre personne, mais il leur fit sçavoir qu'il obligeoit son
seneschal de faire ce serment *en son nom*, comme il
l'avoit mis dans ses lettres-patentes, et qu'il ne jugeoit
pas nécessaire de le faire *luy-mesme*. cela répugnant
à sa dignité royale [1] ».

En 1279, Edouard Ier avait prêté personnellement
serment avant de recevoir celui du maïeur, « voulant
que ses hoirs en fassent de mesme », et, contrairement
aux priviléges de la commune, Edouard III faisait
prêter seulement par son procureur le serment de les
maintenir. Ces dérogations blessèrent la fierté des
Abbevillois, qui se voyaient traités en conquis; transgresser la charte de commune, c'était briser le lien
mutuel du prince et des bourgeois, c'était leur inspirer
la volonté de le briser à leur tour et à leur heure. Le

(1) Le P. Ignace, *Hist. gén.*, p. 371. — Grenier, t. cxv, f° 352.

monarque anglais ne devait pas s'arrêter dans cette voie.

Nicole de Louvain s'attacha à réparer les ruines que le patriotisme abbevillois avait faites : en 1365, il reconstruisit le pont et les murs de la ville ; en 1366, il fortifia le Crotoy et releva les châteaux démantelés. Quànd il se crut à l'abri d'une révolte et d'un coup de main, le sénéchal anglais tailla dans le vif et viola ouvertement les franchises de la commune. L'appel des jugements du sénéchal de Ponthieu, de toute ancienneté, se faisait au bailliage d'Amiens, et l'appel suprême au Roi en son parlement ; Nicole de Louvain supprima par édit un des degrés de l'appel, dont le juge immédiat et unique devait être désormais le gouverneur général du comté. Le maïeur et les échevins d'Abbeville se soumirent au droit de la force ; dans les documents justificatifs réunis par Charles V pour prouver que le roi d'Angleterre, ou son gouverneur général, avait fait acte de souveraineté en Ponthieu, on trouve plusieurs appels des « maïeur, esquevins et communité de le ville d'Abbeville » au dit gouverneur, ainsi que des appels particuliers formés par des bourgeois d'Abbeville, Firmin le Ver, Thieffaigne Baillette, Sandras le Caussonnier, etc., etc. ; appels qui sont tous de la fin de 1367 [1] ; mais en se soumettant, Abbeville dut protester secrètement auprès de Charles V qui, n'ayant pas renoncé à la souveraineté du Ponthieu, était toujours son premier seigneur, et le roi de France n'omit pas de consigner ce grief et d'autres non moins graves dans sa réponse aux récriminations du roi d'Angleterre [2].

---

(1) A. N., J 642, n°° 15[1] à 15[20].

(2) *Pièces sur l'hist. de France. — Lettr. et mém.*, p. 115-137. — *Chroniq. de Saint-Denis.*

Les attentats des officiers d'Edouard ne devaient pas se borner là. Des nobles du Ponthieu, les uns persistaient à servir aveu au roi d'Angleterre dans une forme qui impliquait la réserve de la suzeraineté du roi de France [1] : les autres, plus puissants ou plus hardis, s'abstenaient de rendre hommage à Edouard, comme Jean d'Artois, ou même, affectant de tenir pour lettre morte le traité de Brétigny, ils servaient directement le dénombrement de leurs fiefs au roi de France, comme Gérard d'Abbeville, sire de Bouberck, en 1368 [2]. Edouard, qui se croyait et voulait être considéré comme l'unique et souverain seigneur du Ponthieu, fut outré de cette résistance, voisine à ses yeux de la rébellion et de la félonie. Les nobles du comté furent requis de rendre l'hommage-lige, c'est-à-dire de faire serment « d'estre avesques le roy d'Angleterre contre toutes personnes qui peuvent vivre et mourir, le roy de France ou autre. » Ringois d'Abbeville refusa ce serment ; il fallait un exemple pour inspirer la terreur et forcer rudement à résipiscence les récalcitrants. Ringois fut arrêté, conduit à Douvres, et, après une longue détention, après de tenaces et inutiles objurgations, il fut ignominieusement jeté dans la mer.

A la nouvelle de cet odieux forfait, la douleur et l'indignation remplirent tous les cœurs ; chacun se sentit menacé dans ses biens, dans sa vie, dans sa liberté ; Abbeville dut certainement, comme toutes les villes du royaume, envoyer aux Etats généraux de

---

(1) GRENIER, t. CCXCIX, non pag. : 14 juill. 1364, aveu de Jehan de Hesdigneul, escuier ; 1366, de Benoist de Rambures, escuier ; de Pierre Bournel, chevalier, sire du Ploich ; 1368, d'Hug. d'Alliel, escuier.

(2) GRENIER, t. CXV, f° 355. — Rumet, *Hist. Pic.*, f° 192.

1369, des députés qui ne manquèrent pas d'informer
le roi de France du criminel attentat du roi d'Angleterre. Déjà Charles V avait sondé les Abbevillois sur
leurs dispositions : il les savait toujours dévoués à la
cause française, et les négociations avaient été con-
duites avec tant de secret et d'habileté qu'elles échap-
pèrent absolument à la vigilance soupçonneuse de
l'Anglais. Nicole de Louvain se doutait si peu de l'existence d'une conspiration patriotique que, le 20 avril
1369, il obtenait d'Edouard de nouveaux priviléges
pour les bourgeois d'Abbeville « par consideracion de
leur bon port [1] et de la grande loialtée quele nous
avons en eux trouez [2] et espérons tous les jours à
trouer [3] ». — Voilà comme les princes écrivent l'histoire !

Huit jours après, « le dimenche vint neuviesme jour
dudit moys d'avril l'an dessus dit, la ville d'Abbeville
en Pontieu se rendi aux gens du roy de France, c'est
assavoir à messire Hue de Chastillon, maistre des arbalestriers du dit roy, pour et au nom du dit roy,
comme à leur souverain seigneur [4] ».

Hugues de Châtillon se présente devant la porte du
Bois ; les bourgeois accourent « joyeusement » en
armes, sous la conduite du maïeur Firmin de Tou-
voyon ; le poste anglais est enlevé de vive force, et Nicole de Louvain fait prisonnier avec toute la garnison.
Un cri de victoire et de délivrance jaillit de toutes les
poitrines ; mais, avant de prendre possession d'Abbeville au nom du roi de France, Hugues de Châtillon

(1) Leur bonne attitude.
(2) Trouvée.
(3) GRENIER, t. ccxcix : « De Westmouster, le 20 avril 1369. »
(4) P. PARIS, t. vi, p. 271.

signe avec le maïeur et les échevins une convention
portant entre autres clauses « que le pape sera sollicité
par le Roi de relever les Abbevillois de leur serment
envers le roi d'Angleterre [1] » : précaution qui fait
honneur à la conscience des magistrats, mais décèle
un scrupule excessif ; car, en droit, Edouard, en vio-
lant les coutumes et les franchises traditionnelles,
solennellement sanctionnées en 1279 par le serment
d'Edouard Ier, qui liait ses successeurs, avait implicitement relevé les Abbevillois de la loyauté qu'ils lui
avaient jurée.

Deux cents bourgeois, commandés par Laurent *Danène*, occupent la porte du Bois, et Châtillon fait dans
Abbeville une entrée triomphale. Le même jour, la
ville de Rue chasse les Anglais ; Saint-Valery, Noyelles,
le Crotoy sont repris ; la milice communale se joint à
Châtillon qui marche sur Pont-Remy, défendu par
une forte garnison ; la place est emportée d'assaut, et
sur le champ de bataille le maïeur Firmin de Tou-
voyon et l'échevin Pierre Lenganeur sont armés chevaliers. En une semaine la terre de Ponthieu est
reconquise à la France.

Charles V, qui ne trouvait heureux les princes
« qu'en ce qu'ils ont le pouvoir de faire le bien », voulut
traiter Abbeville en roi et en bon roi ; il savait reconnaître
le dévouement, la fidélité, les services rendus, vertu
des grands princes qui fait les règnes fructueux. Prenant en considération « la bonne et vraye amour que
nous avons toujours trouvée de jour en jour en nos
bons et loyaux subjets le maïeur, les eschevins et les
autres bourgeois et habitans de nostre ville d'Abbe-

_____

(1) Arch. d'Abb. *Livre blanc*, f° 100.

ville et de nos autres villes et lieux de nostre comté
de Pontieu », Charles les combla littéralement de ses
bienfaits [1]. Le 19 juin 1369, il déclare qu'Abbeville a
bien mérité de la patrie et qu'elle placera désormais
sur ses armoiries un chef de France, d'azur semé de
fleurs-de-lis d'or [2], ce qui jadis était la croix d'honneur pour les villes.

Le 27 février 1370, le maïeur Pierre Lenganeur
apporta de Paris le nouveau scel armorié d'Abbeville,
et le vieux scel fut déposé dans la tour dite des Anglais [3]. Charles V, pensant n'avoir pas assez fait encore
pour la cité qui, la première, avait arboré le drapeau
royal de liberté, confirma, le 9 novembre 1370, en les

(1) Voy. *Ord. des Rois*, t. v, p. 175, 179, 196, 688, 689. — GRE-
NIER, t. LVII, f° 68-71, 74; t. CCXCIX, *passim*. — *Coll. Moreau*,
t. CCXXXVI, p. 195, 198. — *Trés. des Chart.*, reg. 100.

(2) GRENIER, t. LVII, f° 71; t. CCXXX, f° 208. — RUMET, *Hist.
Pic.*, p. 229. — Le P. IGNACE, *Hist. gén.*, p. 388 : « .... Le maïeur,
les eschevins, bourgois et habitans d'Abbeville qui, de tout
temps, ont porté les plaines armes de Pontieu, ayent et portent
et puissent avoir, porter et mettre, d'ores en avant et perpé-
tuellement, en et dessus les dictes armes de Pontieu, un chef
des armes de France, c'est assavoir d'azur semé de fleurs de
lis d'or, soit en leurs bannières et autres enseignes et ès scels
de la dicte ville et en peintures ou autrement. » — La commune d'Abbeville portait, à cette époque, d'azur à *trois bandes
d'or* (*Ord. des rois de France*, t. v, p 196, note), qui était le blason des anciens comtes de Ponthieu, race vaillante, intelligente,
généreuse, justicière ; elle porte aujourd'hui sous le chef de
France, d'azur à *trois bandes d'or à la bordure de gueules*, qui
était le blason des ducs de Bourgogne. C'est une hérésie héral-
dique et historique. Abbeville devrait reprendre ses anciennes
et véritables armes, qui furent celles des ancêtres de Ringois
d'Abbeville, les vraies armoiries de Ponthieu que le Crotoy a
fidèlement conservées. — RIETSTAP, p. 168 et 820.

(3) RUMET, *Hist. Pic.*, p. 230. — *Livre rouge d'Abbeville*, f° 123.
DOM CARPENTIER, f° 265. — GRENIER, t. XCI, f° 149.

étendant, les priviléges du commerce d'Abbeville [1] ; en même temps, il envoyait à ses bourgeois de précieux présents [2], et, en 1376, il rendait au maïeur le droit de nommer aux offices communaux [3].

La douleur [4] et la fureur d'Edouard III furent grandes lorsqu'il apprit la foudroyante défection du Ponthieu; un instant, il eut la pensée de faire massacrer les ôtages dont Charles V réclamait la remise; le 3 août 1369, dans un parlement tenu à Windsor, il fut décidé que, la paix de Bretigny étant rompue par Charles, Edouard reprendrait le titre de roi de France; ce qui avait été le constant et secret mobile de sa politique d'atermoiements [5]. Le 30 décembre suivant, dans un mémorandum qu'il fit envoyer à tous les souverains, il consigna ses griefs contre Charles V et conclut en ces termes : « Si avons repris le noun, renomée et title du Roi et du Roialme de France, les queux, avant la treitee de la pees [6], nous usasmes come nous devions, et il nous leust de clere droit [7] *et as queux nous ne renonciames unques teseblement ne expressement.* » Déclaration peu réfléchie et maladroite; car, les renonciations des deux monarques devant être simultanées, Edouard, en disant qu'il n'avait pas fait les siennes, reconnaissait implicitement ou que le roi de France ne les avait pas non plus faites et qu'il était toujours, en conséquence, le suzerain du comte

(1) GRENIER, t. CCXCIX, non pag.
(2) DESSALES, p. 120-121.
(3) GRENIER, t. LVII, f° 71.
(4) WALSINGHAM, *Hist. brevis* : « Cum autem audisset rex de captione de Abvile, contristatus est valde. »
(5) KERVYN, t. VII, p. 537, note.
(6) Le traité de la paix.
(7) Et nous les avions de droit évident.

de Ponthieu, ou bien que lui, roi d'Angleterre, violait déloyalement le traité de Bretigny.

Cependant le duc de Lancastre, descendu en Normandie avec une forte armée, se rapprochait du Ponthieu pour repasser en Angleterre. Un de ses détachements, commandé par Nicole de Louvain qui connaissait le terrain et qui brûlait de récupérer sa rançon, fit prisonnier Hugues de Chastillon dans une sanglante embuscade à la porte de Rouvroy. « A cette empainte, dit Froissart, fut là occis un moult faitis [1] bourgois d'Abbeuille, qui s'appelait Laurent Dautils, dont ce fut grant dommage. Moult furent les gens d'Abbeville et les amis de messire Hue de Chastillon courroucés de sa prise, mais amender ne le purent quant à cette fois.... Or, nous tairons et souffrirons à parler des besognes de Picardie, car il n'y en eut nulles en grant temps depuis ce [2].... »

Qui reconnaîtrait dans ce « moult faitis bourgois » Laurent *Danène*, à qui Châtillon, le jour de son entrée dans Abbeville, avait confié la garde de la porte du Bois ? Son nom est étrangement défiguré, mais les chroniqueurs d'antan n'y regardaient pas de si près. L'historien d'Abbeville l'appelle Laurent Dantels, et il pense justement que c'est de Danène qu'il s'agit [3]. Dans une autre rédaction, Froissart l'appelle Lorens d'Autels [4] et M. Buchon corrige « Laurent Dautels » [5]. C'est le Dançons de *Ringois ou le citoyen d'Abbe-*

---

(1) Vaillant.

(2) FROISSART, éd. Buchon, t. I, p. 597-598. — KERVYN, t. VII, p. 442.

(3) C. f. LOUANDRE, *Hist. d'Abb.*, t. I, p. 265.

(4) KERVYN, *ibid.*

(5) T. I, p. 37, table des noms avec leur rectif.

ville. « Nous ne savons, dit M. E. Prarond, pourquoi il a plu à Delacour de changer le nom de Dantels en ce nom *Dançons* [1]. » Parce que, répondrai-je, c'est le nom que lui donne au moins un historien, l'anglais Barnes, qui l'appelle « Laurence Denson » [2]. Le véritable nom de ce preux bourgeois d'Abbeville était peut-être *Dantil* ou d'*Antil*, qu'on trouve, vers 1250, dans un rôle du royaume de Jérusalem avec plusieurs noms picards, et, en 1362, dans des lettres de rémission du roi Jean [3]. J'aurai l'occasion de revenir sur les caprices orthographiques des vieux chroniqueurs et des anciens copistes.

Je me suis étendu sur le récit de l'embuscade où Nicole de Louvain prit une si complète revanche personnelle, parce que, tout d'abord, en l'absence d'un texte précis et authentique, j'avais pensé que Ringois d'Abbeville était des quinze vaillants bourgeois qui furent faits prisonniers avec Hugues de Châtillon, puis emmenés à Calais, d'où les Anglais passèrent à Douvres lorsque « ils départirent leur ost ». Mais la chronique

(1) *Rues d'Abb.*, p. 47, note.

(2) *Hist. of Edw III.* p. 781 : « .... A valiant citizen of Abbeville, called Laurence Denson. »

(3) Clairambault, p. 806. — *Très. des Chart.*, Reg. ann. 1362-1363 : « Remissio pro Raymundo Dantil de malo yvernagio. » La recherche du nom authentique de ce vaillant citoyen devrait tenter le patriotisme des érudits abbevillois. — Pierre d'*Antill*, vers 1250, était au royaume de Jérusalem où il devait le service d'un chevalier (Beugnot, t. i, p. 423). — Baudouin *Danin*, écuyer, capitaine du fort de Fouquesolle, en 1375, pour le sire de Bournonville (Clairamb., *titres sc.*, t. xx, p. 1383). — Louis d'*Authieul*, laboureur au village de Bertrancourt, en 1636 (*Mém. ant. Pic.*, t. i, p. 446). Peut-être est-ce Laurent *Danuin* de *Hardenthun*, qui, tout en appartenant à une vieille et noble race, pouvait être « bourgeois d'Abbeville. »

de Rumet, — la chronique intégrale, — modifia cette appréciation première.

VIII

La *Cronique du comté et païs de Pontieu*, par Nicolas Rumet, se trouve à la Bibliothèque nationale, au département des manuscrits, dans le xxxviie volume de la Collection de Picardie. C'est un livre sérieux, une histoire consciencieuse, qui contient beaucoup de faits et ne néglige pas les sources. Il est à désirer qu'un des érudits, si nombreux à Abbeville et dans le Ponthieu, se fasse l'éditeur de ce précieux ouvrage, dont le manuscrit de M. Auguste de Caïeu n'est que la copie compendieuse.

Après avoir mentionné les appels formés devant le roi de France par divers seigneurs des pays dont le traité de Bretigny stipulait la cession, Rumet poursuit en ces termes :

« Le roy d'Angleterre ne faillit point de se plaindre et envoyer aussitôt les articles dressés en son conseil contenans les contraventions qu'il maintenoit avoir esté faites par le Roy de France, ses gens et officiers, à la paix de Bretigny, auxquels fut donnée réponse par ordre et d'article en article par le conseil du Roy de France [1], et, en outre, furent remarquées les con-

(1) Chap. viii. « Chron. de S.-Denis. » Note de Rumet.

traventions particulières faites par le Roy d'Angleterre
et le prince de Galles, son fils, au mesme traité de
Bretigny, speciallement les entreprises qu'ils avoient
faites ou leurs officiers aux droits de ressort et de sou-
verainneté appartenans à la couronne de France ès-
duché d'Aquitaine et comté de Pontieu, auquel
n'avoit esté renoncé par la paix de Bretigny, et pour
ce qui touche le Pontieu fut faite instance et plainte
contre le roi Edouard d'Angleterre ou son gouverneur
general de Pontieu, qui estoit par-dessus tous les
officiers de Pontieu, de ce qu'il avoit fait publier en
Pontieu que tous ceux qui appelleroient à l'advenir du
seneschal de Pontieu relleveroient leurs appellations
par devant le gouverneur, comme le juge souverain et
de dernier ressort, et duquel on ne se pouvoit departir
que par proposition d'erreur, comme on fait en Parlement; qu'icelui gouverneur et le thrésorier de Pontieu
avoient fait assembler au prioré de Saint-Pierre, dans
la ville d'Abbeville, les gens d'église, les nobles et les
bonnes villes de Pontieu, auxquels ils baillèrent ou
firent bailler une requeste contenant qu'iceux sujets
suplioient avoir icelui ressort par devers le gouverneur;
et y avoit à icelle requeste plusieurs queux pour y
mettre les sceaux d'iceux gens d'église, nobles et
bonnes villes, qu'ils furent requis de ce faire; mais
iceux sujets de Pontieu, comme bien advisés et con-
seillés, répondirent d'un commun assentement qu'ils
ne requeroient rien et qu'ils ne scavoient pas que le
Roy de France eut renoncé à ses souverainetez et ressorts, ny qu'il les eut transportés au roy d'Angleterre,
et que sur ce le roy d'Angleterre et son conseil fissent
ce que bon leur sembleroit; que ces mêmes gouverneur et thresorier avoient requis et fait requérir a plu-

sieurs nobles sujets de Pontieu de faire serment d'assister le roi d'Angleterre contre toutes les personnes qui peuvent vivre, le roy de France ou autre, et y en avoit plusieurs qui l'avoient fait ainsi par doubte d'y estre tenus, comme l'on dit, et à ceux qui ne le vouloient faire, on saisissoit leurs terres, fiefs et estats. Mesmement l'on avoit fait mourir Ringox d'Abbeville, pour ce qu'il ne voulut faire le serment contre le Roy de France, après avoir esté longtems détenu prisonnier en Angleterre où il avoit esté mené sans lui avoir voulu faire ouverture de justice ni à ses amis qui poursuivoient sa délivrance, ains fut jetté par une fenestre du chasteau de Londre dans la mer [1]. »

Ainsi, selon Rumet, qui écrivait moins de deux siècles après la mort de notre héros, aux fieffés du Ponthieu, qui refusaient au roi d'Angleterre le serment-lige, on saisissait leurs terres, fiefs et états, et même, un d'eux, Ringox d'Abbeville, sur son refus, avait été pris, conduit à Londres et exécuté. Nous voilà loin du meunier, du charbonnier, du chapelier, du perruquier de Delacour, et même de « l'honneste bourgeois » du Père Ignace.

Le récit de Rumet est absolument conforme à la logique des faits. Pour qu'il fût mis en demeure de prêter au roi d'Angleterre le serment-lige, il fallait que Ringois fût le possesseur d'un fief relevant directement de la chastellerie d'Abbeville, ou bien le maïeur ou l'un des échevins de la cité. L'institution des communes avait créé, à côté de la féodalité, dans les villes, un véritable pouvoir représentatif. Le maïeur et les échevins étaient seuls appelés à prêter le serment de fidé-

(1) P. 197-198.

lité ; ils représentaient effectivement les bourgeois et habitants, et leur serment engageait la commune entière ; c'est ainsi que, jusqu'à la révolution, le prévôt de Paris et ses quatre assesseurs ou échevins prêtèrent seuls serment au roi pour la capitale. Nicole de Louvain, au nom d'Edouard III, avait reçu, le 12 août 1364, le serment du maïeur et des échevins d'Abbeville et des autres communes du Ponthieu ; bien plus, les magistrats abbevillois s'étaient soumis, sans doute à contre-cœur, mais ils s'étaient soumis à la suppression du ressort suprême au Parlement de Paris, et, dès 1367, ils appelaient au gouverneur de Ponthieu [1]. Edouard III était même si satisfait de l'attitude des bourgeois d'Abbeville que, le 20 avril 1369, il leur octroyait de nouveaux priviléges.

Le nom de *Ringois* n'apparaissant pas une seule fois dans les listes de l'échevinage, c'est évidemment comme possesseur de fief que Ringois d'Abbeville avait été, en même temps que les autres vassaux nobles de Ponthieu, sommé de rendre à Edouard un hommage qui était un parjure. Rumet est précis : il s'agit de « plusieurs nobles sujets de Ponthieu. » Ringois pouvait, d'ailleurs, être à la fois de race noble, seigneur d'un fief et bourgeois d'Abbeville, c'est-à-dire jouir dans cette ville des priviléges de sa bourgeoisie ; en aucun pays la noblesse personnelle n'était incompatible avec la bourgeoisie urbaine [2].

Rumet nomme notre héros *Ringox*, et, surpris de ce nom bizarre, il ajoute entre parenthèse : « Les re-

(1) A. N., J 642, n°° 15¹ à 15²⁹.
(2) Voy. C, f. LOUANDRE, *Hist. d'Abb.*, t. I, p. 202. — BELLEVAL, *Nob.*, 2ᵉ éd., p. 398 ; *Trés.*, t. I, p. 44. — LA ROQUE, *Traité de la Nobl.*, ch. LXXIV, p. 225-228.

ligieux de Saint-Denis, qui ont dressé les grandes
chroniques de France jusques et compris le reigne du
roy Charles cinq⁰, l'appellent ainsi, mais je crois qu'il
faut lire *Rorgon d'Abbeville*, issu de la maison très-
noble et ancienne d'Abbeville, comme j'ai vû ce nom
en infinis titres, et non le nom de *Ringox d'Abbeville*
en pas un seul [1] ».

Et dom Grenier écrit en marge :

« Rorgon d'Abbeville jeté en la mer, pour n'avoir
voulu faire serment contre le roy de France. »

Ainsi c'est Rumet qui, le premier, en 1562, a proposé, au lieu de *Ringox* ou Ringois, de lire *Rorgon*
d'Abbeville, et tous les auteurs ont répété après lui
cette variante ingénieuse, qui va servir peut-être à
nous donner la clef des divers métiers attribués à notre
héros.

IX

Ruoruk, Roruk, Rorik, Roricus, Rorico, Rorigus, Rorigo, Rogiro, Rogero, Rorgo, Rogo, Rogonus, Roco,
Rocho, est un vieux nom qui paraît d'origine scandi-
nave. Jacques de Charron inscrit un Roricus dans
l'ascendance fabuleuse de Pharamond [2]. Au VIᵉ siècle,
une chronique des Francs est écrite par un moine de
Moissac, auquel on donne le nom de Rorico, mais ce

(1) P. 198.
(2) CHAP. IX, p. 496.

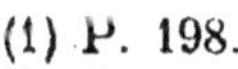

nom n'est pas plus authentiquement certain que le Roricus de Charron [1]. En 790, Rotrude, fille de Charlemagne, donne au comte Rorigo ou Rorico, d'origine danoise, un fils qui fut Louis, abbé de Saint-Denis et chancelier de France [2], et qui eut un frère appelé Rorigus ou Rorico [3]. En 810, les Danois envahissent la Frise et tuent le duc Rorik, qui était probablement de leur race. En 833, Rorigo, comte du Maine, norwégien qui avait reçu ce pays en fief comme, cent ans après, Rollon reçut la Neustrie, fonde le monastère de Saint-Maur-sur-Loire [4]. Il fut, dit Flodoard, le premier normand qui se convertit à la foi chrétienne [5]. C'est en honneur de cette conversion que désormais le nom de Rorigo ou Rorgo sera d'un usage fréquent ; jusque vers le milieu du xve siècle, on le trouve presque à chaque page dans l'histoire ; il est d'un usage général, particulièrement en Picardie. Il se traduisait en français par Roric, Roricon, Rorigon, Rorgon, Rogron, Rogeron, Rogon, Rocon, Rorgue, Rogre, Rogue, Roque ; les fiefs de Rorichove, de Roconville, de Roconval et de Roquemont [6] lui durent leur nom, ainsi que les sires de Rogon, la famille Rogre, les marquis de Rogues [7],

(1) Moréri, t. ix, p. 364. — Dom Bouquet, t. iii, p. 2-19.

(2) Velly, t. i, p. 233. — Muratori, t. ii, part. I, *Annal. Bertin.*, p. 545. — Mabillon, à l'*index rer. memorab.*

(3) Dom Bouquet, t. vi, p. 299, 300, 311, 312, 591.

(4) Pap. Masson, p. 157.

(5) *Chronique* de 919 à 966. Dans la coll. de dom Bouquet.

(6) Hariulfe, ch. ii, iii, vii, ix : *Roconis, Rocconis, Rochonis mons.* — C. F. Louandre, *Hist. d'Abb.*, t. i, p. 59. — Du Chesne, *Guines*, p. 75. — Teulet, t. ii, p. 332, 396.

(7) On trouve, dans un titre de 1100, *Guillelmus Roriconis.* — Monstrelet. p. 510 : « Messire Jehan de Rogon. » — Le P. Anselme, t. vi, p. 679 : « Lancelot Rogre, escuyer. » Voyez sur les prénoms devenus patronym., L. Vian, p. 18.

et il y en a en Bretagne une famille le Breton de la
Ville-Rogon [1]. — M. Ernest Prarond note [2] que M. le
comte de Boubers appelle Ringois tantôt Rorgon, tantôt Rogon ; mais les deux formes étaient communé
ment usitées ; on les trouve, dans un titre de 1158,
indifféremment employées pour désigner la même
personne [3], et dom Grenier lui-même dit : « Rorgon ou
Rogon d'Abbeville [4] ».

Lorsqu'au xviiie siècle on vint à s'occuper de Ringois ou Rorgon d'Abbeville, ce dernier nom, hors
d'usage depuis plus de trois cents ans, dérouta les érudits de l'époque. Un d'eux, ayant trouvé un *Rogo Mo-
lendinarius*, Rogon le Meunier, bourgeois juré d'Abbeville, dans un titre de Guillaume Talevas, comte de
Ponthieu, fit ingénieusement de Rorgon ou Rogon
d'Abbeville un meunier, sans prendre garde que la
charte en question était antérieure de près de deux
siècles [5] au temps où vécut Ringois. C'est très-vrai-
semblablement ce meunier Rogon ou *Rogue* qui laissa
son nom au moulin et au voyeul de *Roque*, cités par
M. Prarond [6], et je serais porté à croire que ce fut un
Rorgon ou Rogon d'Abbeville qui laissa le sien au
moulin *Raagon*, lequel, probablement par donation
de la maison d'Abbeville, appartenait au chapitre de

(1) RIETSTAP, p. 181.
(2) *Rues d'Abb.*, p. 44, note : « L'infortune de *Rogon* (sic cette
fois).... »
3 GRENIER, t. CCLV, f° 248 et *Coll. Moreau*, t. LXXX, p. 86.
Charte de Raoul, comte de Verm. : « .... *Rorgonem* filium Albe-
rici de Roia .... et prefato *Rogoni*.... » Dom Grenier traduit :
« Rorgues, fils d'Alb. de Roie. »
(4) T. LIX, f° 43.
(5) *Layett. Ponth.*, J 235, n° 19. Avril 1195 — ROSNY. t. IV, p. 9.
(6) *Rues*, p. 31.

Saint-Vulfran en 1226, en 1396 et au xve siècle, et sur lequel Guillaume d'Abbeville, chanoine, percevait en 1226 un cens héréditaire [1].

M. le comte de Boubers-Abbeville veut qu'on ait fait de Ringois un charbonnier « à cause du combustible que l'on tirait de sa forêt du Rondel. » L'explication est ingénieuse, mais je crois plutôt que ce fut parce que les érudits abbevillois trouvèrent, au xive siècle, un *Rogo Carbonarius*, Rogon le Charbonnier, époux d'Ade, dont l'obit se célébrait à Saint-Vulfran, le 14 juin [2]. D'ailleurs Ringois d'Abbeville pouvait être meunier ou charbonnier, c'est-à-dire propriétaire de moulins ou de charbonnages, tout en étant un parfait chevalier ; les biens de cette espèce ne répugnaient pas aux plus hauts seigneurs même. Jean Ier, comte de Ponthieu, fondant les vingt premières prébendes de Saint-Vulfran d'Abbeville, en 1121, dote le Chapitre entre autres donations, de son moulin de Penne ; Jean II, son fils, fondant six autres prébendes, donne son moulin Brassiers sur la Talance [3]. Dans une charte de 1145, Gérard, sire de Ham, mentionne ses moulins [4]. Philippe, comte de Flandre et de Vermandois, pos-

---

(1) Dom CARPENTIER, f° 257 *bis*. Charte de 1226 : « .... In molendino Raagon. » — GRENIER, t. CCXCIX. Arrest du Roy en parlement, du 16 avril 1396, relatif à « deux molins à vane appartenans aus diz doien et capitule, assis en le dicte ville (d'Abbeville), assés près de la poissonnerie d'icelle, sur deux des bras de le rivière de Somme, joignant iceux molins assés près l'un de l'autre, l'un nommé le molin de le Penne et l'autre le molin *darragon*. »

(2) B. N., ms lat., 10113. *Obit. S. Wulfr.*, f° 21 : « Obitus Ade uxoris Rogonis Carbonarii. »

(3) Le P. IGNACE, *Hist. eccl.*, p. 85 et 88 : « Molendinum de Penna.... Molendinum Brassiers supra Talanciam. »

(4) *Coll. Moreau*, t. LXXXIX, p. 76 : « Molendina mea. »

sède, en 1168, un moulin à Athies [1]. En 1190, Jean, comte de Ponthieu, possède sur l'eau de Talance le moulin Estraellon, qui est tenu par Gérard, sire d'Abbeville, et un autre que tient Hugues Cholet [2]. Les sires d'Abbeville-Boubers possédaient encore le moulin de Maillefeu ou de Lemare, un deuxième moulin qu'ils donnèrent à l'Hôtel-Dieu, et un troisième qui, au XVIIIᵉ siècle, appartenait à la famille Carbonnier, mouvant tous les trois de la pairie de Boubers [3]. Gérard IV d'Abbeville était même propriétaire d'offices de messagerie à Mons, à Valines et à Franleu [4]. En 1195, le prieur et les moines de Saint-Pierre d'Abbeville se plaignent de ce que l'élévation du moulin du comte cause un grand dommage à leur moulin de Baboe ; Guillaume Talevas, comte de Ponthieu, s'engage, en la présence du maïeur et des échevins, à laisser résoudre le litige par des arbitres jurés, qui furent Rogon le Meunier, Bernard Golde, Bernard Riolez, Hugues de Montagne, Robert Malpingernon, Gui et Hugues de Longet, Adam Testars, Robert de Saint-Riquier, Bernard li Vaslez et Lucas de Saint-Loup. Les jurés donnent tort au comte, qui se soumet à leur décision [5]. Ce moulin du comte, devenu par la suite le moulin du Roi, est encore mentionné dans une charte de Guillaume, comte de Ponthieu, en 1203 [6].

---

(1) Grenier, t. ccxxxviii, tit. IV : « Molendinum meum apud Atheias. »

(2) *Coll. Moreau*, t. xxxii, p. 96 et 98.

(3) Grenier, t. lxxxiii, p. 1.

(4) Dénombr. de *Bouberch*, 1343.

(5) *Layett. Ponth.*, J 235, n° 19. — Voy. E. Prarond, *Rues*, p. 110, note.

(6) Grenier, t. lvii, f° 241 : Molendinum meum apud Abbatisvillam. »

En 1235, Gautier de Noyelles tient en fief deux moulins d'Eustache, vicomte de Pont-Remy [1]. En 1289, Jean, sire de Flavy, et Jean de Noyelles disputent à Edouard, roi d'Angleterre, la propriété du moulin à vent du Crotoy [2]. En 1320, Pierre le Ver a « sen molin à Talanche » [3]. Par charte de 1397, Charles VI donne à Eustache de Neuville, chevalier, le moulin de Gravelingues, et, vers la même époque, Thomas le Ver est propriétaire d'un moulin [4].

Ringois d'Abbeville pouvait donc être *meunier*, tout en étant de race patricienne, comme le sire de Warfusée qui, s'étant fait prêtre, laissa à sa fille, Alix de Warfusée, dame de Hesbaye, femme du sire de Dammartin, parmi ses grands héritages, beaucoup de moulins, ce qui « donna lieu de dire dans le commun peuple que les nobles de Hesbaye étaient tous sortis d'un prêtre et d'un meunier [5] ».

D'autres firent de Rorgon d'Abbeville un chapelier, un boulanger, un serrurier et même un perruquier, sans doute parce qu'ils avaient découvert dans les vieux titres de la ville ou des environs, un Rorgon le Capel ou le Cappelier, un Rorgon le Boulenguier ou le Fournier, un Rorgon le Sérurier, un Rorgon le Barbier. Il est certain qu'il y avait à Abbeville et dans le Ponthieu des familles anciennes de ces divers noms : Jean le Capel et Pierre le Barbier sont nommés dans

---

(1) *Layett. Ponth.*, *ib.*, n° 20.
(2) GRENIER, t. XXXIX, f° 131 ; t. CCXCVIII, non pag.
(3) *Censier de S.-Wulfr.*, f° 8.
(4) GRENIER, t. CCXXX, p. 224 ; t. CCC, *Obit. de S.-Wulfr.*, f° 2 : « A Thoma le Ver, pro molendino suo, VI den. » C'était le moulin de Baboe (E. de ROSNY, t. I, p. 79).
(5) BOREL D'HAUTERIVE, t. VII, p. 339. — GERLACHE, *Hist. de Liège*. — HEMRICOURT, *Nobl. de Hesb.*, p. 62.

un censier de Saint-Vulfran, de 1320 [1]; Colart le Barbier, dans l'obituaire du Saint-Sépulcre d'Abbeville [2]; Gontier le Cappelier est vivant à Abbeville avant 1340; Raoul le Cappelier, maïeur de Saint-Riquier, passe de vie à trépas le 20 mars 1387, et Jehanne Bolengier, sœur de l'hospice de cette ville, en 1368 [3]; Jehan le Boulenguier est, en 1343, vassal de la pairie de Bouberck [4]; Jean le Fournier est mentionné dans un obituaire de Saint-Vulfran, de 1420 [5]. — Les esprits s'exerçaient, s'évertuaient, ayant perdu la trace historique, et ce qui m'étonne, c'est que quelque ingénieux érudit n'ait pas fait de Ringois un sellier, car on trouve dans le *Livre rouge* d'Abbeville, un « Rogeron le Selier [6] ». A la condition de trouver un Rorgon, Rogon ou Rogeron porteur de l'un des noms qui suivent, on eût pu faire aussi bien de Ringois un boucher, un cordonnier, un cambier, un brasseur, un coutelier, un fabricant de chandelles, un tonnelier, un cordier, un charron, un culottier, un peintre, un épicier, un mercier, un traiteur, un marchand d'oiseaux, un bijoutier, un pêcheur, un fabricant de chaussons, un drapier ou un linger; car on trouve, dans les anciens titres d'Abbeville et du Ponthieu, les familles le Bouchier, le Cordonnier, le Cambier, le Coustelier, le Cuvelier, le Cordelier, le Caron, le Carpentier, le Caucheteur, l'Enlumineur, l'Espissier, le Fruictier, le

(1) F° 9 et 10.

(2) F° 2.

(3) COTRON, f°° 142 et 139. — E. DE ROSNY, t. I, p. 320; t. II, p. 623.

(4) *Dénombr.*, non pag.

(5) GRENIER, t. CCC, *Obit.*, f° 5.

(6) _ivr rouge, f° 32. — Dom CARPENTIER, f° 263 : « Ann. 1270.... Havlnt ke Rogerons li Seliers apela Jehan au Costé... »

Merchier, le Nourricquier, l'Oiseleur, l'Orfeure, le Pesqueur, le Chaussonnier, le Toilier. » A l'aide des noms de famille mentionnés dans les titres, on pourrait presque établir la statistique commerciale et industrielle d'Abbeville aux XIIe et XIIIe siècles.

X

Rumet dit que les amis de Ringois d'Abbeville « poursuivirent sa délivrance ». Ne devrions-nous pas trouver dans les vieux titres du Ponthieu quelque trace de ces généreux efforts, et n'est-il pas évident que, si Ringois, bourgeois ou chevalier, eût été mis à mort dans les circonstances indiquées par Rumet. Charles V n'eut pas manqué de consigner cette violation sanglante de la charte de liberté ou du droit féodal dans sa réponse au roi d'Angleterre, en mai 1369. et de se faire de ce grief énorme un argument, une arme contre le violateur ?

Sur la première question, dom Grenier, qui en paléographe consciencieux n'inscrivait les faits historiques que sur « titres veüs », est précis et formel :

« Ringon ou Rorgon d'Abbeville, dit-il, qui fut jetté dans la Tamise à Londres et noyé par le commandement du roy Edouard (1364), dont parlent les historiens..... Messire Jean de Boubers, qui paroît dans un titre de 1230, est cru l'autheur de la branche d'Yvregny, dont descendoit messire Jean de Bouberk, cheva-

lier, seigneur de Chepy, le Grotison et Yvregny (1364),
*qui joignit sa plainte à celle de Girard pour la mort
de Ringox* [1]. »

Notons, en passant, cette forme nouvelle du nom
de Ringois : *Ringox.*

Ainsi nous connaissons deux des « amis » de Ringois qui élevèrent leur plainte et poursuivirent sa
délivrance : et ces deux « amis » sont Girard ou Gérard IV d'Abbeville, chevalier banneret, sire de Bouberck, chef de nom et d'armes de la maison d'Abbeville, et Jean de Bouberck, chevalier, chef de la branche
d'Abbeville-Ivregny. Ce renseignement est d'une valeur sur laquelle j'aurai lieu de revenir.

Rumet dit que les amis de Ringois poursuivirent sa
délivrance, ce qui implique des démarches auprès du
roi d'Angleterre, comte de Ponthieu, et Grenier, que
Gérard d'Abbeville et Jean de Bouberck-Ivregny formèrent une plainte, ce qui implique des démarches
parallèles auprès du roi de France, suzerain du comte
de Ponthieu.

Le Ponthieu, comme tous les pays atteints par le
traité de Bretigny, dut certainement envoyer des députés aux Etats Généraux tenus à Paris par Charles V,
du 2 au 11 mai 1369, et j'estime que ce fut dans cette
circonstance solennelle que Gérard d'Abbeville et con-
sorts formulèrent leur plainte. J'exposerai plus loin
les motifs qui m'induisent à le penser.

Rumet est assurément une autorité, mais non une
autorité absolument péremptoire, et l'historien l'a
senti lui-même ; aussi, en relatant le fait de la mort
de Ringois, a-t-il eu soin d'indiquer la source où il l'a

---

(1) CHAP. X. — T. LIX, f° 40-41 ; t. LXXXIII, f° 3-4.

puisé : « Les religieux de Saint-Denis qui ont dressé les grandes croniques de France jusques et compris le reigne du roy Charles V⁰ ».

Qu'était-ce donc que « .les grandes croniques de France » ? Le savant M. Paulin Paris, à qui nous devons une excellente édition des *grandes chroniques de France, selon que elles sont conservées à Saint-Denis* », va nous répondre :

« La quatrième édition des *Chroniques de France* fut donnée sous le règne du sage roi Charles V. Elle ajoute à la narration précédente celle des évènements écoulés depuis : elle nous offre le texte qui seul est demesuré pour ainsi dire *sacramentel*. C'est alors que les copies s'en multiplièrent et que les collecteurs de livres se firent un devoir d'en demander. Le roi lui-même en faisait un cas particulier ; ses scribes les plus habiles en exécutèrent un grand nombre d'exemplaires que ses enlumineurs furent chargés d'orner de toutes les ressources de leur talent... Les *Chroniques de Saint-Denis* sont en effet le plus beau, le plus glorieux monument historique qui peut-être ait jamais été élevé dans aucune langue et chez aucun peuple, à l'exception du livre par excellence, *La Sainte Bible.* Les rois de la terre ont souvent encouragé les historiens, souvent ils ont permis à des écrivains courageux de ne pas trahir la vérité dans le récit des évènements de leur règne ; mais accepter la sentence ordinairement très-sévère que les anciens annalistes avaient portée sur chacun de leurs prédécesseurs, tolérer l'existence permanente d'un tribunal qui les menaçait de la même sévérité. surtout ne pas essayer d'infirmer les arrêts en érigeant juges contre juges, apologies contre censures, voilà ce qu'ont fait nos rois de France. La *Grande Chronique de Saint-Denis* fut, pendant près de trois siècles, pour eux et avec leur adhésion, ce qu'était pour le cadavre des rois égyptiens le jugement des prêtres, jugement souvent terrible et toujours sans appel...... Depuis les premiers mots jusqu'à l'explicit, les *Chroniques de Saint-Denis* sont un livre de bonne foi [1]. »

« Jean Chartier, dit M. Charles Louandre, était religieux de Saint-Denis; or, les religieux de Saint-Denis, gardiens des tombeaux des rois, étaient en même temps les gardiens de notre histoire. Ils appartenaient, comme Saint-Riquier, à l'ordre de Saint-Benoit, c'est-à-dire au plus savant de tous les ordres, à celui qui a rendu le plus de services à la science du passé. Dès le XII siècle, l'illustre ministre de Louis-le-Gros, l'abbé Suger, avait confié à l'un d'entre eux le soin de recueillir et de consigner par écrit les faits importants de chaque règne et de former ainsi le corps des *Grandes Chroniques de France*. Ce travail se continua sans interruption jusque dans la seconde moitié du XV siècle. Chartier, qui était l'un des dignitaires du chapitre, en fut chargé pour la dernière fois. Charles VII, par lettres du 18 novembre 1437, le nomma *chroniqueur*, aux gages de deux cents livres parisis chaque année. Nul mieux que lui n'était à même de se renseigner exactement, car en vertu de son titre, qui correspondait au titre moderne d'historiographe de France, il pouvait s'informer auprès du roi, des officiers de la couronne, de la haute noblesse, des magistrats municipaux, des abbayes de son ordre, des étrangers qui venaient en grand nombre visiter la nécropole des Capétiens. »

(1) P. PARIS, t. I, p. 23-25.

Si dans l'œuvre de Jean Chartier, l'historiographe qui avait tant d'éléments sûrs d'information, qui écrivait l'histoire d'après des documents authentiques, officiels, nous trouvions le récit de la mort héroïque de Ringois, le doute sceptique serait-il encore possible ? Eh bien ! nous aurons mieux que cela même.

M. Paulin Paris nous a dit que les copies des *Grandes Chroniques de France* se multiplièrent sous le règne de Charles V, avant l'invention de l'imprimerie, et que les collectionneurs de livres se firent un devoir d'en demander. Quelques-uns se contentèrent d'un abrégé de ce précieux écrit, abrégé qui, tout en suivant en général la substance des *Chroniques de Saint-Denis*, en supprime une partie et quelquefois étend le récit ou le modifie [1], selon le caprice des copistes, gens de métier, souvent peu scrupuleux, ignares ou négligents. Pour diminuer sa peine sans diminuer le salaire convenu, l'un tronque effrontément des chapitres, l'autre saute des documents d'une importance capitale ; celui-ci intercale des phrases de son crû ; celui-là modifie le texte lorsque, le lisant mal, il le juge incompréhensible. Les plus riches amateurs n'échappaient pas à cette misère des copies : c'est ainsi que l'exemplaire du président de Mesmes était d'une transcription fort incorrecte [2], et que celui du duc de la Vallière, d'une admirable calligraphie, orné de miniatures exquises, péchait néanmoins par le texte [3]. Un exemplaire des chroniques relié aux armes de France [4], copié « par Jehan Gautier pour Jehan

(1) P. Paris. t. vi, p. 485.
(2) B. N., mss. franç., nᵒˢ 4933-4935. — P. Paris. t. vi, p. 494.
(3) B. N., mss. franç., nᵒ 20350. — P. Paris. t. vi. p. 499.
(4) B. N., mss. franç, nᵒˢ 2611-2612.

Blondeau, praticien en la court de parlement », porte
cette mention finale : « Et contiennent deux vou-
lumes, lequel Blondeau les vendra a qui voudra bailler argent content, paix et accord, ainsi que en tel
cas appartient. » — « Cette leçon, dit M. Paris [1], est
fort mauvaise. Le copiste est un fripon qui s'est con-
tenté de mettre de l'exactitude dans la transcription
des têtes de chapitre, se réservant d'en abréger scan-
daleusement la substance. On voit qu'il a eu sous les
yeux un exemplaire de la rédaction définitive, et qu'il
ne l'a tronquée que pour rendre sa besogne plus
facile. Le récit est continué d'après Juvénal des Ursins
jusqu'à l'année 1458. »

Un autre exemplaire aux armes de Béthune [2] est
d'une belle écriture, mais d'une transcription peu correcte. « Le copiste se souciait peu de reproduire tous
les membres de chaque phrase et de lire ce qu'il
copiait » [3].

Un exemplaire, provenant de l'abbaye de Saint-Germain-des-Prés, est également incorrect ; le copiste
n'a suivi la transcription définitive que jusqu'à la mort
de Philippe-Auguste ; le règne de chacun des autres
rois est raconté d'une manière très-sommaire, et
d'ailleurs entièrement étranger au texte des *Chroniques de Saint-Denis* [4].

Ce que M. Buchon [5] dit des manuscrits de Froissart
peut exactement s'appliquer aux copies des *Grandes
Chroniques* : « Par ignorance ou par système les co-

(1) T. vi, p. 487.
(2) B. N., mss. franç., n°ˢ 2616-2620.
(3) P. Paris, t. vi, p. 488.
(4) B. N., fonds S.-Germain, n° 87. — P. Paris, t. vi. p. 488.
(5) Froissart, t. iii, p. 394.

pistes ajoutaient encore à cette confusion. Au désordre des auteurs et des copistes du même pays et du même temps il faut en ajouter un autre. Non-seulement la prononciation variait dans les provinces et devenait plus ou moins dure ou plus ou moins douce selon la proximité de la Flandre ou de l'Allemagne, ou de l'Espagne et de l'Italie, mais elle prenait une nouvelle forme avec les progrès toujours croissants de la sociabilité, de sorte que l'orthographe d'un demi-siècle n'était plus celle du demi-siècle suivant. Qu'on se figure donc le mélange bizarre introduit dans les manuscrits, même d'un seul auteur, copiés par des hommes qui, à ces différences de leur propre système d'orthographe, ont ajouté celles qui provenaient de la province qu'ils habitaient et de l'époque où ils vivaient. » Cette remarque de l'éditeur de Froissart est si bien fondée que, dans les deux cents exemplaires manuscrits des *Chroniques de France* qui sont à la Bibliothèque nationale, on ne trouve pas deux transcriptions absolument pareilles. Mais c'est surtout dans l'orthographe des noms propres que la fantaisie et l'arbitraire passent toute mesure. Dans les copies anciennes, il faut donc faire toujours la part du chroniqueur, la part du copiste, et se tenir rigoureusement en garde contre les caprices de l'un et les bévues de l'autre.

Le premier manuscrit des *Chroniques de France* que je compulsai me causa une déception vive : je pensais y trouver indubitablement, sur la foi de Rumet, le texte relatif à Ringois d'Abbeville, mais la lecture la plus attentive me convainquit de mon erreur, et déjà j'inclinais à taxer Rumet de citation apocryphe et de faux historique, lorsque diverses observations

me donnèrent à supposer que ce manuscrit [1] n'était
qu'un abrégé très-arbitraire de la transcription authentique des *Grandes Chroniques de Saint-Denis :*
supposition que confirma ensuite l'autorité de M. Paulin Paris [2]. Ayant repris son édition des *Chroniques,*
je lus mot à mot les règnes de Jean le Bon et de
Charles V : alors jaillit le flot de lumière.

Le récit de la mort de Ringois n'est pas l'œuvre de
Jean Chartier ; le chroniqueur l'a inséré dans son
œuvre, mais parcequ'il y a inséré un document officiel, émané directement du Conseil de Charles V, la
longue « cédule » approuvée par les Etats Généraux,
adressée, en mai 1369, au roi d'Angleterre en réponse
à sa sommation et contenant l'exposé des griefs du
roi de France. Ce n'est donc pas seulement un texte de
chronique que l'on va lire, mais, je le répète, l'extrait
littéral d'un document officiel :

« C'est la response que fait le roy de France en
son conseil aux poins et articles contenus en la bille
ou cédule dessus escripte (du roi d'Angleterre)......

« Item, que, ce nonobstant, le roy d'Angleterre et
le prince son fils ont entrepris et attempté contre
icelles souverainetés et ressors en plusieurs manières,
et se sont efforciés d'icelles approprier et attribuer à
eux, et icelles dénier et empeschier au roy de France,
auquel seul et pour le tout elles appartenoient et ap-
partiennent comme est dit dessus. Premièrement le
roy d'Angleterre et son gouverneur général de Pontieu, qui est pardessus tous les officiers de Pontieu et
lequel le roy d'Angleterre ne peut désadvouer, a or-
dené et publié audit Pontieu que tous ceux qui appel-

____

(1) B. N., ms. franç., n° 4957, ancien 9630.
(2) T. VI, p. 494.

leroient du sénéchal de Pontieu iroient audit gouverneur comme a siége souverain et derrain, duquel l'en ne puist partir se non par proposition d'erreurs comme on fait en parlement, et après la dite ordenance a donné plusieurs ajournemens par devant luy et ceux qui avecques luy seroient aux appellans des sentences au jugement dudit séneschal ; duquel séneschal de tout temps on doit et est accoutumé d'appeller au baillif d'Amiens sans moien : et ce ont fait le dit gouverneur, le trésorier de Pontieu et autres officiers dudit Pontieu, de l'autorité et volenté dudit roy d'Angleterre et de son conseil d'Angleterre, ne autrement ne l'eussent osé faire, ne si grant chose entreprendre. Et aussi est venu à la connoissance dudit roy d'Angleterre et de son conseil, et l'ont souffert et consenti expressément ou taisiblement ; et aussi ne puet le dit gouverneur estre désadvoué comme dit est selon raison, la coutume, et usaige et commune observance de la court souveraine, espécialement en fait de justice et en ce qui puet cheoir en administration et gouvernement de païs.

« Item, que lesdis gouverneur et trésorier de Pontieu, considérans qu'ils ne povoient par raison ne devoient entreprendre ledit ressort, s'efforcièrent d'enduire les subgiés de Pontieu à ce qu'ils voulsissent requérir que ledit ressort leur feust baillié comme souverain et final, sans plus ressortir au roy de France ne à sa court de parlement ; et firent assembler à Abbeville, en l'églyse de Saint-Pierre, les gens d'églyse, les nobles et les bonnes villes de Pontieu, et leur baillièrent ou firent baillier une requeste en supplicacion contenant que lesdis subgiés requéroient et supplioient avoir ledit ressort par devers ledit gouverneur ; et avoit en icelle supplicacion plusieurs queues pour y mettre les seaux des ditz gens d'églyse, nobles et bonnes villes, et leur requéroit-on que ainsi le voulsissent faire : mais les dis subgiés, comme bien avisés et conseilliés, respondirent d'un commun assentiment qu'ils n'en requéroient riens et qu'ils ne savoient pas que le roy de France eust renoncié à ses souverainetés et ressors, ne qu'il les eust transportés au roy d'Angleterre ; et que sur ce, le dit roy d'Angleterre et son conseil feissent ce que bon leur sembleroit. Et d'icelle supplicacion sera bien monstrée la copie, se mestier est ; et estoit icelle supplicacion getée et ordenée par le conseil du roy d'Angleterre, et contenoit, contre vérité, que le roy de France n'avoit audit pays de Pontieu aucune souveraineté, et que la seigneurie d'icelluy païs estoit toute séparée du royaume de France.

« Item, que, ce nonobstant, ledit gouverneur ordena ledit ressort, icelluy fist publier, et en a usé et donné plusieurs ajournemens en cause d'appel, comme dit est dessus, et en entreprenant les dites souverainetés et en eux efforçant d'icelles attribuer à eux, contre raison et contre la teneur de la dite paix.

« ... *Item, que ledit roy d'Angleterre, lesdis gouverneur et trésorier ont requis et fait requérir a pluseurs nobles et subgiés du dit Pontieu qu'ils feissent seremens d'estre avec le roy d'Angleterre contre toutes personnes qui pevent vivre et mourir, le roy de France ou autres. Et y en a pluseurs qui l'ont fait ainsi par doubtance, si comme l'en dit, et à ceux qui ne le voulurent faire en saisissent [1] leurs*

(1) On saisissoit. (Minute de la Cédule, aux A. N. *Layett. Angl.*, J 654⁴.)

terres et leurs fiefs, et tient-on communelment que RINGOIS [1] D'ABBEVILLE *a esté mort pour ce qu'il ne voult faire ledit serement contre le roy de France : et fu mené en Angleterre, et après ce qu'il a esté longuement prisonnier détenu, sans lui vouloir ouvrir voie de droit né à ses amis qui le poursui- voient, on l'a fait saillir des dunes du chastel de Douvre en la mer »* [2].

Tout est à peser dans ce texte si précis et si précieux ; nous y retrouvons le nom de *Ringois*, tel que la mémoire du peuple nous l'a transmis, et non plus *Ringox*, comme portait la copie fautive que le consciencieux Rumet avait cue sous les yeux ; ce n'est plus à Londres dans la Tamise, mais à Douvres, dans la mer, comme le veut la légende, que le héros a trouvé la mort. Le copiste de Rumet avait lu *Londres* où il y avait *Douvres*. Dom Grenier, venant après Rumet, s'était dit que, la mer n'arrivant pas à Londres, c'était nécessairement dans la Tamise que l'on avait noyé Ringois d'Abbeville, et il rectifia en conséquence. Nous allons voir du reste le nom de Ringois et celui de Douvres subir de bien autres altérations dans les nombreux exemplaires manuscrits des *Chroniques de Saint-Denis* que possède le fonds français de la Bibliothèque Nationale.

N° 73, f° 374 : « ... Et tient-on communement que RINGOIS DABBEVILLE a esté mort pour ce quil ne voult faire le serement contre le roy de France..... On la fait saillir parmi une fenestre du chastel de *Domire* en la mer. »

N° 1113, *Pièces sur l'histoire de France :* « Ringois

<hr>

(1) Variante : Aingois. — Note de M. P. Paris.
(2) P. PARIS, t. VI, p. 289-291.

d'Abbeville.... On la faict saillir de dessus les dunes du chastel de Douvre en la mer. »

N° 2598, f° 101 : « ... Et tient len commnunement que Raigois Dabbeville... On la fait saillir de dessus les dunes du chastel de *Doume* en la mer. »

N° 2604, f° 488 : « .,. Et tient lon communelment que ringois dabbeville en ponticu at esté mort pour ce quil ne vouloit faire le serement contre le roy de france... Et le firent saillir par la fenestre dun chastel en mer. »

N° 2605, f° 409 : « ... Et a ceux qui ne le vouloient faire on saisissoit leurs terres et leurs fiefz. Et *un bourgois dabbeville* a esté mort pour ce quil ne voult faire le serement contre le roy de france... et le fist on saillir parmy une fenestre du chastel de douure en la mer. »

N° 2606, f° 473 : « ... ringoys dabbeville... on le fist saillir par une fenestre du chastel de douure en la mer. »

N° 2608, f° 508 : « ... ringois dabbeville... on la fait saillir parmy une fenestre du chastel de douure en la mer. »

N° 2609, f° 361 : « ... Et en y a plusieurs qui lont fait par doubtance, et a ceux qui ne le vouldrent faire on saisissoit leurs terres et leurs fiefz. Et *ung bourgoys dabbeville* a esté mort pour ce qu'il ne voult faire le serment contre le Roy de France ou autres. Et en y a plusieurs qui lont fait par doubtance pour ce que ledit bourgoys fu mené en Angleterre ou il fu longuement prisonnier sans lui vouloir ouvrir voye de droit ne à ses amis qui le poursuioyent, et le fist on saillir parmy une fenestre du chastel de douure en my la mer. »

N° 2612, f° 131 : « ... Ringois Dabbeville... len la fait saillir parmy une fenestre du chastel de Douure en la mer. »

N° 2614, f° 248 : « ... ringois dabbeville... on là fait saillir par my une fenestre du chastel du douure en la mer. »

N° 2615, f° 394 : « ... Et tient on communalment que ringois dabbeville... par my une fenestre du chastel du dource en la mer. »

N° 2620, f° 463 : « ... Et à ceulz qui ne le vouloient faire len faisoit leurs fiez mettre en la main du roy dangleterre. Et tient on communement que LE RINGOIS DABBEVILLE a esté mort... on la fait saillir par une fenestre du chastel de douure dedens la mer. »

N° 2622, f° 307 : « ... Et à ceulx qui ne vouloient faire ledit serement on prenoit leurs terres et leurs fiefs en la main du roy dangleterre. Et tient on communement que *un bourgois dabbeville*... on le fist saillir par une fenestre du chastel de douure dedans la mer. »

N° 2699, *Répertoire de lettres et mémoires des rois Jean et Charles V*, f° 120 : « ... ringois dabbeville... on la fait saillir dessus les dunes du chastel de *dointre* en la mer. »

N° 2813 : « ... Et à ceulx qui ne le vouloient faire en saisissent leurs terres et leurs fiefs. Et tient on communelment que ringois [1] dabbeville... on la fait saillir de dessus les dunes du chastel de douure en la mer. »

N° 2816, f° 120 : « ... Et tient len communement que

---

(1) Je crois que c'est dans cette copie que M. P. Paris a trouvé la variante *Aingois*. L'r de Ringois est un peu oblitéré et a effectivement l'apparence d'un *a*, mais c'est bien un *r*.

ringois d abbeville... on la fait saillir de dessus les dunes... »

Nº 4935 : « ... ringois dabbeville... »

Nº 4944, fº 163 : « ... ringors dabeville... on la fait saillir de dessus les dunes... »

Nº 4957, copie du xvᵉ siècle. Le copiste a supprimé toute la cédule de Charles V et, par suite, le passage relatif à Ringois.

Nº 4983, fº 213 : « ... ringois dabbeville... len la fait saillir parmy une fenestre... »

Nº 4984, fº 195 : « ... Item que le roy dangleterre et lesdits gouverneur et trésorier ont requis et fait requerre *plusieurs subgiez nobles* de la dite conté *de ponticu...* et tient on communement que *rigois dabeville* a esté mort pour ce qu'il ne vouloit faire le dit serment contre le roy de France... sans luy ouvrir la voye de droit ne a ses amys qui faisoient la poursuyvre pour luy, on luy fist saillir par une fenestre... »

Nº 4987. — Le copiste a supprimé la cédule de Charles V.

Nº 6463. — Même observation.

Nº 6465, fº 430 : « ... riugoys dabeville... on la fait saillir parmy une fenestre... »

Nº 6467, fº 249 : « ... Ringois de Abbeville... on le fist saillir par my une fenestre... »

Nº 6469, fº 871 : « ... Et tient on communement que *le ringois dabeville...* on la fait saillir par une fenestre du chastel de douure de dens la mer. »

Nº 10143, fº 304 : « ... Et tient on communement que *leringois Dabeville...* on la fait saillir par une fernestre... »

Nº 17267, fº 265 : « ... ringois dabbeville... on la fait saillir de dessus les dunes... »

Nº 17269, fº 280 : « ... ringors dabbeville... de dessus les dunes... »

Nº 17271 : « ... ringois dabbeville... on la fait saillir par une fenestre du chastel de *domire*... »

Nº 20350, fº 478 : « ... ringois dabbeville... Par une fenestre du chastel de douure... »

Nº 20353 : « ... ringois dabbeville... parmy une fenestre du chastel du douure en la mer. »

Nº 20355, fº 149 : « ... Et tient on communement que ringois dabbeville a esté tué... par une fenestre du chasteau de dormire... »

Nº 23138, fº 173 : « ... ringois dabbeville... on la fait saillir de dessus les dunes... »

Nº 23139, fº 220 : « ... ringois dabbeville... on la fait saillir de dessus les dunes... »

Nº 23143 : « ... ringois dabeville... on la fait saillir parmy une fenestre du chastel du douure en la mer. »

Les *Croniques de France* imprimées, qui peuvent être considérées comme présentant le texte définitif et pour ainsi dire officiel, portent toutes sans exception « *ringois dabbeville* » ou « *ringoys* dabbeville » [1].

____

(1) Voy. l'éd. de 1476 (Pasquier Bonhomme), règne de Charles V, p. 9, col. 2 ; celle de 1514 (Guill. Eustace), t. III, fº 6, col. 1 ; *La mer des hystoires et cronicques*, 1518, t. IV, fº 18, col. 1.

XI

Ainsi, du document royal dont je viens de reproduire de nombreuses transcriptions, il conste que le roi d'Angleterre, ayant exigé des possesseurs de fiefs du comté de Ponthieu le serment-lige, fit saisir « les terres et les fiefs » de ceux qui se refusèrent à le lui prêter. Notons que « terres et fiefs » ne forme pas un pléonasme : les fiefs étaient de deux sortes, fonciers et pécuniaires ; ces derniers étaient simplement des rentes féodales, constituées héréditairement ou seulement à vie par donation souveraine.

Du document précité il conste encore qu'un sujet noble du Ponthieu, — Ringois, le Ringois, Raigois, Riugois, Ringors ou Rigois d'Abbeville, — ayant refusé le serment-lige au roi d'Angleterre, fut traîné à Douvres, tenu dans un cachot jusqu'à ce qu'il vînt à soumission, et qu'ayant par la constance de sa fidélité lassé la patience de ses geôliers, il fut précipité dans les flots du haut des dunes de Douvres.

Raigois, Ringois, Rigois, Ringors [1] sont très-certainement des fautes de copiste, comme Dormire, Do-

(1) CHAP. XI. — *Ringors* a pu se dire comme on disait *Bohors* pour Dohois. Il y avait à Abbeville le *Bourdois* ou *Bourg-d'or*. (Le P. IGNACE, *Hist. eccl.*, p. 61.)

mire, Doume, le Doure, Dointre, mis par les scribes au lieu de Douvres.

Du préambule du paragraphe relatif à Ringois d'Abbeville il appert que ce sujet fidèle jusqu'à la mort était des fieffés du Ponthieu ; cependant trois manuscrits des *Chroniques* sur deux cents, les n°ˢ 2605, 2609 et 2622, attribuent son acte d'héroïsme à « un bourgois d'Abbeville », et le n° 2604 l'appelle « Ringois d'Abbeville en Pontieu », ce qui pourrait faire supposer que, dans la pensée du copiste, Ringois était un nom de famille, et « d'Abbeville » l'indication du lieu d'origine. Mais nous avons dans l'édition de M. Paulin Paris le texte définitif des *Chroniques de Saint-Denis*, et ces mots « en Pontieu » ne s'y trouvent pas ; ils ne se trouvent même dans aucun autre exemplaire manuscrit, et ils sont incontestablement une addition arbitraire.

D'ailleurs, le copiste du xiv° siècle a pu vouloir, au contraire, préciser l'extraction seigneuriale de Ringois, comme un de ses congénères et contemporains fit pour Jean, sire de Vienne, amiral de France en 1373, tué le 26 septembre 1396 : « ung vaillant chevalier appellé Jehan de Vienne en Bourgoingne » [1].

Quant au manuscrit n° 2605, ce n'est qu'un abrégé des *Chroniques de Saint-Denis* : c'est de cette copie incomplète et inexacte que M. Paulin Paris dit que l'abréviateur a supprimé une partie des *Chroniques* et en a quelquefois étendu ou modifié le récit [2]. Du n° 2609, voici ce que dit le même savant : « Deuxième

---

(1) B. N., ms. fr., n° 2598, *Chron. de Fr.*, f° 55. — Le texte authentique des *Chroniques* porte seulement : « Jehan de Vienne. » Voy. P. Paris, t. vi, p. 330, 456.

(2) T. vi, p. 485. — Anc. n° 8300³ ³, actuell. n° 2605.

leçon des *Chroniques* abrégées, en tout semblable à celle du n° 2605 ci-dessus décrite »[1]. Je me suis assuré que la même observation s'applique au n° 2622. D'ailleurs, il suffit de relire l'extrait que j'ai donné du n° 2609 pour se convaincre que le copiste abréviateur poussait la négligence jusqu'à l'ineptie : les phrases du texte original sont brouillées, tronquées, répétées ; c'est une transcription sans ordre et de nulle autorité.

Quels sont enfin les exemplaires manuscrits des *Chroniques de Saint-Denis* dont La Curne-Sainte-Palaye et M. Paulin Paris[2], deux autorités irrécusables, recommandent singulièrement la rigoureuse correction ? Ce sont les exemplaires qui portent actuellement à la Bibliothèque Nationale les n°ˢ 73, 2604, 2606, 2608, 2614, 2615, 4983, 6469, 17267, 17269, 20352 et 20355, et par-dessus tous le n° 2813. C'est celui, dit M. Paulin Paris, qui, « sans aucune espèce de contredit, offre de toutes les leçons la plus belle, la plus complète, la plus rigoureusement correcte »[3] ; il est augmenté d'un assez grand nombre de pièces officielles et de notes marginales dans lesquelles on peut reconnaître l'écriture du roi Charles V, qui le fit exécuter sous ses yeux par son plus habile calligraphe, Jean du Trévoux ; en un mot, c'est le texte définitif, « destiné à faire autorité dans toutes les circonstances »[4]. Eh bien ! le n° 2813 porte « *Ringois d'Abboville* », et il est facile au lecteur de constater que tous les autres numéros précités le portent également, à l'exception du 6469 qui a « *le ringois d'Abbe-*

---

(1) *Ibid.*, p. 486. — Anc. n° 8303, actuell. n° 2609.
(2) T. vi, p. 486-502.
(3) P. 491.
(4) P. 491-492.

ville », et du 17269 où se lit « *Ringors d'Abbeville* ».

Il me paraît donc incontestable que cette leçon, « un bourgois d'Abbeville » résulte d'une mauvaise lecture ; prenant Abbeville pour un nom de ville et non pour un nom de famille, dérouté par ce nom de *Ringois*, comme tant d'autres le furent depuis, le copiste crut à une faute de transcription, et à *ringois*, qui lui semblait n'avoir pas de sens, il substitua « un *bourgois* ». On a pu constater combien le scrupule était étranger aux copistes des XIVᵉ et XVᵉ siècles. Le P. Ignace eut sous les yeux une copie de cette leçon fautive et il la suivit. La même chose advint à Jean de Montreuil, prévôt de Lille, qui, vers 1420, ému des calamités accumulées sur le royaume de France par les prétentions des rois d'Angleterre, entreprit spontanément de les réfuter dans un mémoire latin, dont la *Chronique Martinienne* donne la traduction suivante :

« ... Par quoy et pour d'aultres extorcions et abus que les Angloys faisoient, comme de faire emprisonner et mourir ung chevalier nommé messire Jehan Capponneau et ung docteur qui étoit juge des crimes à Thoulouse, pour ce seulement que ils portèrent au prince de Galles ung adiournement en cas d'appel, qui n'est que remède de droit ; de faire aussi mener au chasteau de Douvre en Angleterre ung bourgeois d'Abbeville qu'on appeloit Ringois ¹, lequel les Angloys gectèrent du hault de la roche en la mer parce qu'il avoit appellé du seneschal de Ponthieu en parlement à Paris ; et autrefois ung sergent d'armes du roy de France fut noyé par les ditz Angloys, pour sem-

____

(1) Le texte latin porte *Riugoys* : « Quemdam oppidanum virum de Abbatisvilla cognomento Riugoys. »

blable occasion, et par telz excès sans nombre il appert évidamment du grant tort et injustice desdits Angloys tant ou principal comme en l'accessoire de la guerre qu'ilz ont faicte en france puis iiii. xx ans ou en viron, comme dit est [1]. »

Jean de Montreuil avait certainement sous les yeux le texte de la cédule de Charles V, plus ou moins correct. Prenant Ringois pour un habitant d'Abbeville, le docte prévôt, qui savait qu'un bourgeois n'avait pas à prêter personnellement le serment-lige demandé par Edouard III aux fieffés du Ponthieu, rattacha le supplice de Ringois à la question du ressort suprême au parlement de Paris, traitée quelques lignes plus haut dans la cédule royale. Sa rectification, sa confusion est manifeste : dans le texte officiel, le lecteur l'a vu, la question du ressort et celle du serment-lige sont distinctes et traitées séparément chacune dans un paragraphe spécial. Or, ce n'est pas dans le paragraphe relatif au ressort souverain de justice, mais dans celui qui concerne le serment-lige que Charles V a consigné l'exécution de Ringois d'Abbeville : « ... et à ceux qui ne le vouloient faire on saisissoit leurs terres et leurs fiefs, et tient-on communelment que Ringois d'Abbeville a esté mort *pour ce qu'il ne voult faire ledit serement contre le roy de France.* » Ce texte authentique est précis et contredit formellement celui de Jean de Montreuil qui, je le répète, a confondu en voulant rectifier : Ringois fut mis à mort non pour avoir fait appel au roi de France en son parlement, mais pour avoir refusé de prêter le serment-lige contre le roi de France.

(1) B. N., ms. lat., n° 18,337, f° 10. — *Chron. Martin.*, t. II f° 260.

Que si l'on récusait les différentes copies des
Grandes Chroniques, j'invoquerais l'autorité du texte
original de la cédule de Charles V, qui se trouve aux
Archives Nationales [1], où je l'ai relevé tel qu'il
suit :

« Item que les diz roy dangleterre les diz gouverneur et trésorier ont requis et fait requerir a plus[s]
nobles et subg[s] dudit ponticu quil feissent serements
destre avec le roy dangleterre contre toutes personnes
qui peuent vivre et morir, le roy de france ou autre,
et en ya plus[s] qui lont fait ainsi par doubtance si
comme len dit. Et a ceulx quil ne le vouloient faire
on saisissoit leurs terres et fiefs, et tient on communement que ringois dabbevil'e a esté mort pour ce
quil ne vouloit faire ledit serement contre le roy de
france et fu menez en angleterre, et appres ce quil a
esté longuement prisonnier detenus sans lui vouloir
ouvrir voye de droit ne a ses amis qui le poursuioient
on la fait saillir dessus les dunes du chastel de douure
en la mer. »

D'ailleurs, si Ringois eut été un bourgeois d'Abbeville, on ne s'expliquerait pas l'intervention directe,
en sa faveur, de Gérard IV, sire de Boubereh, chef de
la maison d'Abbeville, et de Jean de Boubereh, chef de
la branche d'Abbeville-Ivregny, — intervention qui
eut constitué une sorte d'usurpation des droits et des
devoirs du maïeur et des échevins d'Abbeville. Le
silence des archives communales témoigne encore que
Ringois n'appartenait pas à la bourgeoisie abbevilloise.
Enfin, et j'insiste sur ce point, je n'ai pas relevé, dans
les chartes, dans les documents, dans les chroniques

---

(1) *Layett. Angl.*, J 654ᵃ.

antérieurs au xvᵉ siècle, un seul exemple d'une personne désignée simplement par son nom de famille et son lieu d'origine ; chacun y est désigné invariablement, en règle absolue, soit par sa qualité féodale ou par sa fonction, soit par son nom de famille ou de fief, *toujours précédé de son prénom ou de son surnom.* Le prénom ou le surnom se trouve quelquefois seul, jamais le nom. Les anciens documents étaient précis jusqu'à la minutie, et, si *Ringois* eut été le nom d'un bourgeois d'Abbeville, le texte de la cédule royale, mûrement délibérée, soigneusement rédigée, eut explicitement porté ceci :

« Et tient on communement que un bourgois d'Abbeville, appelé *Jehan* Ringois... », — ou tout autre prénom : de même qu'on lit dans les *Chroniques de Saint-Denis* [1] : « Un bourgois de Compiègne, appelé Symon Pouilliet, assez riche, fu jugié à mort et mené aux halles de Paris... » ; — de même que Froissart, relatant une mort glorieuse, dit : « A celle empainte fu là occis un moult faitis bourgois d'Abbeville qui s'appeloit Lorens d'Autels... [2] » ; — de même que Guillaume de Nangis dit : « ung clercq du parlement appellé maistre Pierre de Hangest et ung bourgois de Sens appelé Jehan Cordier... [3] »

Enfin, dans les lettres mêmes de Charles V où se trouve relatée la fin glorieuse de Ringois d'Abbeville, quels personnages sont mentionnés ? « le conte Darmignac, le seigneur de Labret, Bernard Palot, Jehan de Chaponval, le seigneur de Chastillon, le seneschal et le trésorier de Pontieu, le baillif damiens, le conte

(1) P. Paris, t. v, p. 450.
(2) Kervyn, t vii, p. 442.
(3) B. N., ms. franç., nᵒ 2598, fᵒ 55.

de Harecourt, le seigneur de Montmorenci, le conte de Poytou, le seigneur de Roye. »

Tous, on le voit, sont désignés soit par leur fonction ou leur titre féodal, soit par leur nom précédé du prénom. *Ringois*, dans la cédule royale, n'est certainement pas un nom de famille ; je reviendrai d'ailleurs sur ce point, et, par suite, j'aurai à parler d'un acte de baptême inscrit au registre de la paroisse Saint-Gilles d'Abbeville des années 1608-1625, acte dans lequel figurerait un habitant de cette ville appelé « Jehan Ringois ».

Si notre héros n'était pas un bourgeois d'Abbeville, il devient présumable qu'il appartenait à la maison de ce nom, ainsi que le suppose Rumet et que le dit dom Grenier. Il convient donc d'étudier l'histoire des sires d'Abbeville et de rechercher si quelqu'un des leurs a pu être le héros de la légende.

XII

De graves auteurs [1] veulent que le Ponthieu ait été possédé héréditairement par des seigneurs particuliers à partir de 696 ; d'autres, à partir seulement de la deuxième moitié du neuvième siècle [2] ; la vérité est probablement entre ces deux dates ; le Ponthieu était

[1] Chap. XII. *Art de vérif. les dat.*, t. XII, p. 317.
[2] Voyez A. Van Robais, p. 2, note 2.

donc sinon le plus ancien, comme le veulent les Béné-
dictins, au moins un des plus anciens fiefs héréditaires.

Waldberck, frère de Saint-Faron de Meaux, fils
d'Hagneric ou Henri, de la race royale de Bourgogne, et
de Léodegonde [1], avait eu pour aïeul Ragnacaire, chef
sicambre à qui Clovis, son parent, avait donné des
domaines dans le Ponthieu. Après avoir guerroyé avec
vaillance et gouverné avec douceur, Waldberck se
retira dans le cloître de Luxeuil dont il fut abbé de
625 à 665. Après sa mort, le peuple, « toujours fidèle
dans sa mémoire » [2], donna au prince juste et bien-
faisant une couronne dans le ciel en l'invoquant sous
les noms de saint Waubert, saint Gaubert ou saint
Aubert [3]. — Jean le Charpentier et dom Grenier [4]
donnent les successeurs de ce pieux seigneur, parmi
lesquels se trouvent un Haimond, ou Emond [5], et
d'autres Waldberck. La filiation suivie que je vais
rapporter est extraite de l'*Art de vérifier les dates* ;
elle a été reproduite par M. Borel d'Hauterive [6] et par
M. le marquis de Belleval [7].

I. *Angilbert*, gouverneur de Ponthieu, époux de
Berthe, fille de Charlemagne, puis abbé de Saint-Riquier en 793, père de Nithard. — II. *Nithard*, comte

---

(1) Bolland. *Act. sanct.*, Oct., t. xii, p. 594, 595, 609.

(2) C. F. Louandre, *Hist. d'Abb.*, t. i, p. 19-20.

(3) Sur Waldberck, voyez *Mém. de la Soc. des Ant. de Pic.*,
t. v, p. 69. — Piers, p. 31-32. — Dom Bouquet, *Cartul. de S.-
Bertin*, l. I, p. 22. — J. le Charpentier, article de S. Aubert.
— De Vérité, t. i, p. 24.

(4) J. le Charpentier, *ibid.* — Grenier, t. lvii, f° 147.

(5) La Morlière, *Maison*, p. 37.

(6) T. iii, p. 254.

(7) *Nobi*, 2e éd., p. 758.

de Ponthieu, tué par les Danois en 852, père de Helgaud. — III. *Helgaud*, comte de Ponthieu, fondateur de l'abbaye et de la ville de Montreuil, abbé de Saint-Riquier, mort en 876, père de Herlouin. — IV. *Herlouin*, comte de Ponthieu et de Montreuil, père de Helgaud. — V. *Helgaud II*, tué par les Normands de Rollon en 926, père de Herlouin. — VI. *Herlouin II*, tué par les Danois en 946, père de Rotgaire. — VII. *Rotgaire*, vivant en 947 et 957, père de Guillaume. — VIII. *Guillaume*, comte de Ponthieu et de Montreuil, soutenu par le roi Lothaire, enleva en 965 au comte de Flandre les comtés de Boulogne, Saint-Pol et Guines, et partagea ses domaines entre ses enfants. Hilduin, l'aîné, lui succéda dans ses possessions héréditaires. — IX. *Hilduin*, comte de Ponthieu et de Montreuil, vivant en 984, marié à Cunégonde d'Arcy, fut père de Hugues. — X. *Hugues*, comte de Ponthieu, etc., épousa Gisèle, fille puînée de Hugues Capet et d'Adélaïde de Guyenne, dont il eut, entre autres enfants, Enguerrand, qui lui succéda.

Abbeville n'était alors qu'une importante métaierie, voisine de la mer, et appartenant à l'abbaye de Saint-Riquier. Les avantages de sa situation déterminèrent Hugues Capet à faire de ce lieu un des postes avancés du royaume contre les incursions toujours menaçantes des peuples du Nord. Il le fortifia et en confia le commandement à son gendre [1]. Le château d'Abbeville apparaît pour la première fois dans des titres du xɪe siècle : il datait certainement de la fin du xe.

L'*abbé* de Saint-Riquier, dépossédé de sa *ville*, dut recevoir des compensations de la libéralité du nouveau roi qui, pour affermir sa couronne, ménageait habile-

(1) HARIULFE, ch. xxi et xxvii.

ment l'autorité religieuse. Hugues de Ponthieu, son gendre, fut constitué par lui pour avoué ou défenseur de l'église de Saint-Riquier, comme les rois de France étaient avoués de l'église de Saint-Denis, comme ensuite les comtes de Ponthieu furent avoués ou abbés de Saint-Vulfran.

Le seigneur ou comte de Ponthieu résidait alors à Montreuil ; il dut en conséquence établir féodalement à Abbeville un représentant de son autorité, un châtelain ou vicomte, choisi dans sa parenté proche, suivant un usage dont on trouve d'innombrables exemples dans les premiers siècles de la féodalité.

Les suzerains, en effet, dans ces temps où la conquête faisait souvent le droit, devaient redouter la trahison ou le défaut de vigilance, et ne confier la garde de leurs possessions qu'à des hommes absolument sûrs, inviolablement dévoués, intéressés euxmêmes à la conservation du patrimoine féodal. Le châtelain ou vicomte, établi à Abbeville par le comte de Ponthieu, prit le nom de son fief, suivant la coutume [1], instituant ainsi une noble maison qui devait marquer brillamment dans les fastes de la chevalerie française.

Plusieurs généalogistes donnent pour auteur à la maison d'Abbeville un petit-fils d'Hugues de Ponthieu et de Gisèle de France, que les uns appellent Foulques [2], les autres Guy [3], et qu'ils marient avant de faire de

---

(1) GRENIER, t. LXXXIII, f° 3 ; t. LIX, f° 21 : « L'ancienne noblesse prit son nom de la terre principale qui lui échut. » E. DE ROSNY, t. I, p. 31 : « La maison d'Amiens, sortie des anciens châtelains d'Amiens.... » — LUÇAY, p. 51-52.

(2) GRENIER, t. LVII, f° 147.

(3) Le P. Anselme, t. III, p. 297.

lui le premier abbé de Forest-Montier. M. le marquis de Belleval incline pour un fils même d'Hugues et de Gisèle ; dom Caffiaux, pour un fils de Guillaume Ier, comte de Ponthieu, vivant en 965, et c'est aussi mon sentiment. Si un Gui ou un Foulques eût été l'auteur des sires d'Abbeville, la tradition s'en fût perpétuée dans la race, et le nom de Foulques ou de Gui eût été infailliblement donné à plus d'un de ses descendants ; or on ne trouve pas un seul Foulques ou Gui d'Abbeville avant la fin du xive siècle, et les prénoms le plus en usage dans cette maison, de l'an 1065 à 1190, sont Oylard ou Odulard, Simon, Rorgon, Hugues, Guillaume.

Sur la fin du xe siècle, Roricon ou Rorgon souscrit une charte de donations faites par Burcard ou Bouchard à l'abbaye de Saint-Valery, à laquelle il concède, entre autres, des biens sis à Abbeville [1]. Peut-être ce Rorgon était-il le dernier des fils de Guillaume Ier et par conséquent l'oncle d'Hugues de Ponthieu, qui l'aurait fait châtelain d'Abbeville, et c'est peut-être en cette qualité que Rorgon figure dans la charte susdite, parceque la donation intéressait en partie son domaine féodal. Il convient de noter qu'à cette époque, et jusqu'au xive siècle, les prénoms affectaient fréquemment la forme patronymique, en se reproduisant de génération en génération ; or le prénom de Rorgon est porté, aux xie et xiie siècles, par quatre membres de la maison d'Abbeville. Que si l'on objectait que le nom d'Abbeville n'est pas inscrit dans la dite charte après le prénom de Rorgon, je ferais observer que ce fut seulement dans la première moitié du xie siècle que,

(1) GRENIER, t. LIX, f° 107 : « .... In Abbatisvilla concedo duo farinaria cum cambis duabus ... Signum *Roriconis*. »

pour distinguer leur race, les nobles adoptèrent le
nom de leur seigneurie héréditaire ; jusque-là, les
seigneurs ne figurent invariablement dans les chartes
que sous leur nom baptismal [1].

Je présume que ce Rorgon fut père de Hugues
d'Abbeville, chevalier (qui souscrit en 1060 une charte
de Raoul, comte d'Amiens), et d'Odulard d'Abbeville,
nommé avec Simon, son fils, en 1065, dans les titres
de la fondation de l'Hôtel-Dieu et dans le cartulaire
de Saint-Pierre d'Abbeville, et qui eut deux autres
fils, appelés Rorgon et Odulard [2]. Simon fut père d'un
autre Rorgon [3], vivant avant 1100, et, probablement
aussi, de Hugues d'Abbeville vivant à la même
époque [4].

Voilà donc l'existence d'une maison d'Abbeville
constatée au XIᵉ siècle ; mais était-elle issue des
comtes de Ponthieu ? Le doute n'est pas possible.
Tous les auteurs sont unanimes sur ce point, Rumet.
le Père Ignace, La Morlière, dom Caffiaux, dom Grenier, Chérin, Saint-Allais, et leur sentiment se trouve
d'ailleurs corroboré par une série de faits probants. —
Avant que Guillaume Iᵉʳ d'Abbeville, vers 1190, par
son mariage avec Ide, héritière de Bouberch, fût devenu sire de Bouberch et eût pris le nom et les armes
de sa femme [5] les sires d'Abbeville portaient celles de
Ponthieu, d'azur à trois bandes d'or. C'est leur blason

(1) Voy. L. VIAN, p. 64.
(2) GRENIER, t. LIX, fº 39-44 : t. LXXXIII, fº 3. — BELLEVAL,
Nobil., 2ᵉ éd., p. 1.
(3) GRÉNIER, t. LIX, fº 43. — Ms. de D. Caffiaux
(4) GRENIER, t. CCXXXIV, fº 38. Charte de Gui, comte de Ponthieu, 1100 : « .... Signum Hugonis Abbatisville.... »
(5) *Mss. du Chanc. Seguier :* « Guill. d'Abbeville qui espousa
l'héritière de Boubers, dont il prit le nom et les armes. »

que la ville d'Abbeville a conservé jusqu'en 1369 ;
c'était de même le blason de plusieurs des cadets de
la maison de Ponthieu qui firent branche, comme les
comtes de Montreuil, comme les sires de Doullens,
comme les sires de Vismes, comme les seigneurs de
Maisnières et de Maintenay. Devenus sires de Bouberch,
les d'Abbeville n'oublièrent pas leur origine illustre :
leur cri de guerre était *Abbeville !* [1] — Ils souscri-
vaient comme témoins, et au premier rang parmi les
chevaliers, les chartes des comtes de Ponthieu, notamment la charte d'institution de la commune d'Abbeville. On trouve enfin, dans la *Collection de Picardie*,
bien d'autres preuves de cette illustre extraction des
sires d'Abbeville [2].

XIII

IX. — RORICON ou Rorgon, vivant en 998, est présumé fils de Guillaume Ier, comte de Ponthieu, et père
de : 1° Oylard ou Odulard ; 2° Hugues d'Abbeville,
chevalier, vivant en 1060.

(1) *Armorial de Pierre Coligni*, 1539, f° 25 : « Le s[r] de Bouberch
porte d'argent à 3 ecussons de gueules, et crie *Abbeville !* » —
Mém. de la Soc. des Ant. de Pic., t. V, p. 60.

(2) Voy. le P. IGNACE, *H. G.*, p. 39. — GRENIER, t. LXXXIII,
f° 1-2 ; t. LVII, f° 73 ; t. CXV, f° 355. — ROSNY, t. I, p. 2. — RUMET,
Chron.. f° 198 ; *Hist. Pic.*, f° 192. — *Trésor des Chart*, reg. 122,
f° 76. — CLAIRAMB,, *Inv.*, p. 1042.

X. — Oylard ou Odulard d'Abbeville, chevalier, vivant en 1065, père de : 1° Simon ; 2° et 3° Rorgon et Odulard, vivants en 1067.

XI. — Simon d'Abbeville, chevalier, vivant en 1065, père de : 1° Rorgon ; 2° et peut-être de Hugues d'Abbeville, chevalier, vivant vers 1100.

XII. — Rorgon II ou Rogeron d'Abbeville, chevalier, vivant en 1095 et 1100, père de : 1° Simon ; 2° Oylard ou Odulard, vivant en 1110 ; 3° et peut-être de Godefroy, vicomte d'Abbeville, vivant en 1100 avec Eustachie, sa femme. — On trouve, vers cette époque, Bernard d'Abbeville, abbé de Tyron, disciple de Robert d'Arbrissel, et à qui ses vertus méritèrent les honneurs de la canonisation. Il mourut vers 1117.

XIII. — Simon II d'Abbeville, chevalier, vivant en 1100 et 1110, père de : 1° Rorgon ; 2° et peut-être de Robert d'Abbeville, chevalier, vivant en 1147 et 1150. — On trouve vers cette époque : Richard d'Abbeville, chanoine de Saint-Vulfran en 1121 ; Guillaume d'Abbeville, aussi chanoine, vivant en 1140.

XIV. — Rorgon III d'Abbeville, chevalier, contemporain et ami de Saint-Bernard, vivant en 1140, marié à (N... d'Ivregny ?), dont : 1° Gérard ; 2° Galfrid ou Geoffroy d'Abbeville, chevalier, 1168 et 1184; 3° et peut-être de Rorgon, chevalier, 1158 ; 4° et peut-être d'Enguerrand d'Abbeville, présumé père de Raoul, qui d'Erarde Pèlerin eut, entre autres enfants, Gérard ou Gérald d'Abbeville, archidiacre de Ponthieu, qui testa en 1271. De ce Raoul descendait peut-être un rameau établi à Saint-Quentin et dont étaient ; Jean d'Abbeville, chanoine de cette ville en 1276; Raoul, aussi chanoine; Sarre d'Abbeville, damoiselle, 1293; André d'Abbeville, aussi chanoine, 1325. — On trouve vers cette époque : Galfrid ou Guifrid d'Abbeville, chanoine d'Amiens, 1165, 1184; Gautier d'Abbeville, doyen de la chrétienté d'Abbeville, 1177, 1184.

XV. — Gérard Ier d'Abbeville, sire de Tunc, vivant en 1158, mort avant 1207, épousa Agnès de Thun ou Tunc, dont il eut : 1° Guillaume; 2° Thibaud, vivant 1207, 1223; 3° Hugues; 4° Ancel; 5° Idoxie; 6° Mathilde; 7° Mélisende; 8° Isabeau. Une de ces filles paraît avoir été mariée à Colin de Ferieves, chevalier. — On trouve vers cette époque : Thomas d'Abbeville, doyen de Saint-Vulfran, 1205, 1215.

XVI. — Guillaume Ier d'Abbeville, sire et pair de Bouberch et Domvast, etc., épousa vers 1190 Ide de Bouberch, fille unique et héritière de Hugues, chevalier, maïeur d'Abbeville, laquelle apporta à son mari de grands biens, entre autres la sirerie de Bouberch et Domvast, la première pairie du comté de Ponthieu. Par suite de cette alliance, conformément à un usage presque général au moyen-âge, Guillaume d'Abbeville prit le nom et les armes de Bouberch, *d'or* ou *d'argent à 3 bers* (berceaux) ou *3 écussons*, ou *3 gaissards* ou *gisarmes de gueules*, et ses descendants portèrent indifféremment le nom d'Abbeville ou celui de Bouberch, ou même le nom de Domvast. Guillaume mourut avant 1221, et Ide, sa veuve, remariée avec Michel de Hornes, connétable de Flandre, fut inhumée à Saint-Acheul. Il fut père de : 1° Gérard; 2° Jean d'Abbeville, auteur de la branche d'Ivregny; 3° Guillaume d'Abbeville, auteur de la branche de Tunc; 4° Bernard, évêque d'Amiens de 1259 à 1278; 5° Guyotte, femme de Robert de Bournonville; 6° N..., femme de Huon, sire d'Ailly; 7° N..., femme de Henri de Guines. — On trouve vers cette époque : Adam d'Abbeville, doyen de Saint-Vulfran, 1196, 1205 ; Jean d'Abbeville, chanoine de Saint-Vulfran, doyen d'Amiens, 1218, 1225 ; Pierre d'Abbeville, chanoine de Séry, 1220 ; Nicolas d'Abbeville, abbé de Dommartin et de Prémontré, 1229, 1240 ; Guillaume d'Abbeville, doyen de Saint-Vulfran, fondateur de l'hôpital du Saint-Esprit d'Abbeville, 1231.

XVII. — GÉRARD II d'Abbeville, sire et pair de Bouberch et Domvast, seigneur suzerain de Canchy, etc., se croisa avec le roi saint Louis en 1248. Il épousa Agnès de Fressenneville, dont il eut : 1° Guillaume ; 2° et probablement Alix de Bouberch qui, en 1280, tenait fief à Ligescourt. — On trouve vers cette époque : Hugues d'Abbeville, abbé de Saint-Martin-au-Bois en 1241, qui était peut-être le troisième fils de Gérard Ier et d'Agnès de Tunc.

XVIII. — GUILLAUME II d'Abbeville, sire et pair de Bouberch et Domvast, du vivant de son père, vers 1239, et d'accord avec Jean, son fils aîné, fit venir les Cordeliers à Abbeville. Guillaume de Domvast est mentionné dans un titre d'environ 1240, et Guillaume de Bouberch, en 1255, comme possédant le bois du Rondel dans la forêt de Crécy. Il épousa (Agnès d'Auxi ?) dont il eut : 1° Jean ; 2° et peut-être Guillaume de Bouberch, écuyer, présent au siége d'Oisy en 1254.

XIX. — JEAN Ier d'Abbeville, chevalier, sire de Bouberch, etc., vivant en 1239 et 1270, fut père de : 1° Gérard ; 2° Agnès ; 3° et peut-être de Wibert de Bouberch, mentionné dans une charte de 1285 ; 4° et peut-être de Renaud de Bouberch, chevalier, qui en 1296 accompagna le comte d'Artois à la guerre de Gascogne ; 5° et peut-être de Jean de Bouberch, écuyer, vivant en 1290 avec Marguerite, sa femme ;

6° et peut-être de Wilard d'Abbeville, prêtre, 1293.

XX. — Gérard iii d'Abbeville, sire de Bouberch, etc., se désista, en novembre 1293, de certains droits féodaux en faveur de la commune d'Abbeville. Il périt en 1302 à la bataille de Courtrai, ayant épousé Yolande (de Franleu ou de Francières ?), dont il eut : 1° Guillaume ; 2° et peut-être Aymon ou Emond de Bouberch, chevalier, 1315 ; 3° et peut-être N... de Bouberch, femme de Guillaume de Nesle, comte d'Aumale, 1320 ; 4° et peut-être Ade ou Adam d'Abbeville, époux de Grésidre, mort à l'armée de Gascogne avant 1311 et qui peut avoir été père d'Alait ou Alix d'Abbeville, damoiseau, 1344 ; lequel Alix peut avoir été père d'Adam d'Abbeville, sergent d'armes du roi, 1382. — On trouve vers cette époque : Nicolas d'Abbeville, religieux dominicain ; Robert d'Abbeville, chevalier, vers 1300.

XXI. — Guillaume iii d'Abbeville, sire de Bouberch, Franleu, le Gaule de Beaumetz, etc., mort en 1316, avait épousé Marguerite de Beaumetz, qui se remaria avec Hugues de Lorraine. Il fut père de : 1° Jean ; 2° et peut-être de Guillaume d'Abbeville, religieux de l'ordre de Cluny, 1341. — On trouve vers cette époque : Jean d'Abbeville, prieur de la Chartreuse d'Abbeville, 1310, et André d'Abbeville, chanoine d'Amiens, 1318.

XXII. — Jean ii d'Abbeville, sire de Bouberch, etc., mourut avant le 6 septembre 1343, probablement à la guerre de Bretagne. Il avait épousé Jeanne de Créqui, fille de Jean Ier et de Jeanne de Picquigny, dont il eut : 1° Gérard ; 2° et probablement Marguerite d'Abbeville, femme d'Alerme de Molières, 1367 ; 3° et peut-être Fremin de Bouberch, écuyer, tenant un fief « ou terroir de Demenchecourt en la banllieue d'Abbeville » en 1351, seigneur de Gapennes, père d'Aléaume, chevalier, qui épousa Catherine de Seynnes, dont une fille unique, Catherine de Boubers, mariée : 1° à Antoine de Wissocq, seigneur de Bomy; 2° à Bon de Saveuse, capitaine-général du comté d'Artois, vivante en 1465.

XXIII. — GÉRARD IV d'Abbeville, sire et pair de Bouberch, etc., rend aveu au Roi le 6 septembre 1343 :

« Chest che que Guerars, seigneur de Bouberch de Donvat et des appartenanches, chevaliers, Tieng et adveue atenir noblement par une seule parrie de son tres souverain tres noble tres redoubté et puissant seigneur le roi de france a cause de sa comté de Pontieu.... Primes, la domaine dudit s' de Bouberch en la ville et terroir de Bouberch.... Chy apres enssuivent les advouries qui sont deues audit s' de Bouberch chacun an annuellement à cause de son chastel et parrie de Bouberch.... Li dis sire de Bouberch a toute juridiction viscontiere.... et le haute justice appartenant au Roy nostre sire a cause de sa conté de Pontieu...: Le dit sire de Bouberch a en se collation patronnage presentation.... de son plain droit le cappelle et cappellerie qui est faite et deservie en la cappelle de Bouberch... [1] »

On trouve aux Archives Nationales une copie de ce dénombrement, faite au siècle dernier sur une copie d'environ 1385, que Louis d'Abbeville devint sire de Bouberch. Ce document, qui a plus de deux cents pages, montre quelle était l'importance de la pairie de Bouberch. Gérard d'Abbeville, suivant l'usage

---

(1) CHAP. XIII. — A. N , R¹ 19556. « Le rapport de la parrie de Bouberch app. à M. Louis de Bouberch »

féodal, appelle royalement ses vassaux « ses sujets » [1], et de nombreuses advoueries lui sont dues.

On a vu qu'en 1346, deux jours avant la bataille de Crécy, Gérard, sire de Bouberch, à la tête d'une poignée de braves, attaqua vigoureusement l'armée anglaise près d'Oisemont et fit des prodiges de valeur, mais fut pris par Jean Chandos [2].

Il n'y avait pas déshonneur à être fait prisonnier par le terrible capitaine anglais, — Bertrand du Guesclin le fut deux fois, à Auray et à Navarette, — surtout après des marques d'une hardiesse chevaleresque à laquelle l'ennemi rendit lui-même un hommage éclatant.

Gérard, chevalier, seigneur de Boubers et du Gaule de Beaumetz, est mentionné, en 1353, dans un titre de l'abbaye de Saint-Waast d'Arras [3]. En 1356, il fut fait prisonnier à la bataille de Poitiers. Le 30 janvier 1359, Edouard III accorde des lettres de sauf-conduit « à Gérard, seigneur de Bouberk, chevalier de Jacques de Bourbon, prisonnier », et à six écuyers de sa compagnie, « pour aller en France, puis revenir en Angleterre » [4]. De 1360 à 1366, « le sire de Bouberche » est ôtage à Londres pour le roi Jean, en exécution du traité de Brétigny. Le 16 mars 1362, le roi d'Angleterre accorde au sire de Maulévrier, à Mahieu, sire de Roye, et à « Géraud, sire de Bouberchie », ôtages pour le roi de France, la licence de sortir de Londres pour chasser aux environs. On sait que la noblesse recherchait les fatigues de la chasse qui lui tenaient le corps

---

(1) « .... As subges de Monseigneur de Bouberch.... »
(2) Voy. S. LUCE, *chron. de Froissart*, t. III, p. 392,
(3) Rens. comm. par M. le cᵗᵉ de Galametz.
(4) RYMER, t. VI, p. 77.

en haleine et le préparaient aux fatigues de la guerre. En 1363, Gérard de Bouberch se plaint au roi d'Angleterre de ce que ses officiers de Ponthieu entravent l'exercice de son droit de chasse dans la forêt de Crécy; le 20 novembre, Edouard enjoint au sénéchal et trésorier de Ponthieu d'instruire la plainte sans retard, « si que nostre féal le seigneur de Bouberch n'ait cause de se plaindre à nous par deffaute de justice. » Le 16 avril 1364, le sénéchal et le trésorier n'ayant rien décidé et persistant dans une vexation certainement préméditée, Edouard III leur renouvelle son injonction, dont ils s'abstiennent encore de tenir compte.

Le 26 mai 1365, nouvelles lettres impératives du roi d'Angleterre, auxquelles ne répond que le mauvais vouloir de ses officiers. C'est alors que Gérard d'Abbeville, menacé par leurs agissements de la confiscation d'un droit héréditaire, dut chercher à revenir en Ponthieu [1]. Il est dit, dans des lettres de rémission que lui octroya Charles VI et dont il sera ci-après parlé, que « Guerart, sire de Bouberch, chevalier », fut « par grant espace de temps prisonnier en Angleterre pour feu bonne memoire le roy Jehan nostre aïeul » [2]. La captivité du sire de Bouberch dura effectivement dix années, jusque vers le milieu de 1366. A cette date, Jean d'Abbeville, son fils aîné, lui est substitué comme ôtage sur la demande de Charles V : « Ce sont les noms des nobles que le conseil du roy de France requiert estre recehu par eschange ou subrogacion pour et en lieu des hos-

---

(1) *Id.*, t. vi, p. 425, 438.
(2) *Trés. des Chart.*, reg. 112, fᵒ 76-77. — Gérard est appelé Jean dans Rymer, mais c'est une erreur évidente.

taiges autrefoiz baillez tant morz quie vifs…. Picardie : Pour le sire de Bomberch, mons. Jehan son fil aisné » [1].

Gérard, chevalier, seigneur de Boubers et du Gaule de Beaumetz, apparaît, en 1365 dans un titre de l'abbaye de Saint-Waast d'Arras [2]. Il n'était donc plus ôtage. Sa querelle avec le sénéchal et le trésorier de Ponthieu dut s'envenimer. S'il avait prêté le serment simple au roi d'Angleterre, en droit féodal il s'en trouvait délié *ipso facto* par le déni de justice. Le serment-lige que demandait Edouard aux fieffés de Ponthieu était une véritable félonie envers le roi de France, qui, n'ayant pas fait ses renonciations, avait seul le droit de leur imposer ce serment ; aussi voyons-nous, en mars 1368, Gérard d'Abbeville, sire de Bouberch, servir directement le dénombrement de ses fiefs au roi Charles V, « à cause de sa conté de Pontieu ». C'était répondre fièrement au vassal félon, en déchirant à son exemple le traité de Brétigny. « Bouberch en Vimeu et Dompvast en Ponthieu, dit Rumet, formant une seule pairie, étaient possédés en 1367 par Girard d'Abbeville, chevalier. » Dans cet aveu, Gérard IV parle « de la noblesse de sa pairie, de son surnom ancien Abbeville seigneur de Bouberck, de son droit cri qui est *Abbeville* comme ses devanciers », et des droits féodaux qu'il possède à Abbeville [3]. Etant en captivité à Londres, il n'avait pu servir le dénombrement de ses terres lors de l'avènement de Charles V.

(1) *Lettr. et Traités*, f° 66 v°.
(2) Rens. communiq. par M. le c᷊ de Galametz.
(3) Rumet, *Chron.*, f° 198 ; *Hist. Pic.*, f° 192. — Grenier, t. lix, f° 40 : t. lxxxiii, f° 4 : t. cxv, f° 355. — *Mém. de la Soc. des Ant. de Pic.*, t. v, p. 64.

En février 1383, Charles VI accorde des lettres de rémission à « nostre amé et féal Guerart, sire de Bouberch, chevalier », qui avait mis en chartre privée jusqu'à composition « un sien homme, Grignart de Marcheville, qui tenoit de luy ligement par foy et hommage quil lui avoit fait [1], lequel Grignart avoit un filz nommé Bailli de Marcheville qui fist plusieurs grans entreprises en et sur la personne dudit chevalier et baty de ses gens, manaça les autres et fist plusieurs excès... »

On voit par ces lettres royales avec quelle vigueur le procureur en la comté de Ponthieu poursuivit, au nom de la royauté contre le pouvoir féodal, la répression de cette violation des droits du faible et cette usurpation de la puissance souveraine, « concluant à diverses fins contre lui pour avoir fait prison privée et prinse, en nostre royaume, de et sur noz subgiez. » Charles V, prenant en considération l'âge avancé du sire de Bouberch, l'ancienneté et l'illustration de sa race et les services rendus à la monarchie « es temps passez bien et loialment » par lui « et tous ses parens et amis, lui accorde la rémission sollicitée, satisfaction civile faite à partie premierement et avant toute œuvre.... sauf en autres choses nostre droit et lautruy en tout. Donné à Paris l'an de grace mil ccc iiij xx et deux [2]. Et de nostre regne le tiers, ou mois de feurier. — Par le conséll : P. Vaasseur » [3].

Gérard IV d'Abbeville mourut avant le 28 octobre 1385 que Louis, son petit-fils et successeur, est qualifié

(1) Jean dit Grignart de Marcheville tenait fief à Domvast. (Roeny, t I, p. 490.)

(2) C'est-à-dire 1383 ; l'année commençait encore à Pâques.

(3) *Trés. des Chart.*, reg. 122, f° 76-77. — CLAIRAMB., p. 1042.

sire de Bouberch. Il avait épousé N... de Nesle dont il
eut : 1° Jean ; 2° Jacques.

XXIV. — JEAN II d'Abbeville, chevalier, seigneur de
Fressenneville en Ponthieu et du Gaule de Beaumetz
en Artois, remplaça son père comme ôtage en Angleterre pour le roi de France en 1366 [1]. Par contrat du
4 janvier 1355, — c'est-à-dire 1356, — dans lequel il
est qualifié seigneur du Gaule de Beaumetz, il épousa
Jeanne de Beaumont, fille de Louis [2] ou Nicolas [3] de
Beaumont, seigneur de Sainte-Geneviève, Gondreville
et Montcresson, et de Jeanne le Bouteiller de Senlis,
veuve en premières noces de Pierre ou Louis de Machaut, fille d'Adam le Bouteiller de Senlis, seigneur de
Montespilloüer et de Noisy près Beaumont, et de Marguerite de l'Isle-Adam ; laquelle « Jehanne la Bouteil-
lère » ratifia le dit contrat. le mardi avant la Saint-
Vincent de la même année [4].

Jean d'Abbeville mourut avant Gérard, son père, ne
laissant qu'un fils, Gérard d'Abbeville-Bouberch, mort
également avant Gérard IV, son aïeul, vers 1383, sans
hoirs. Jeanne de Beaumont, sa mère, devenue veuve,
se remaria avec Pierre de Poix, dit le Baudrain, seigneur de Bonnay, et en 1382 elle soutenait un procès
contre son fils, Gérard de Bouberch, pour la reprise de
ses apports [5].

XXIV. — JACQUES d'Abbeville-Bouberch, chevalier,
vivant en 1360 et 1376, fils puîné de Gérard IV, épousa

(1) *Lettr. et traités*, f° 66.
(2) Le P. ANSELME, t. VI p. 265. — LA CHESNAYE, t. III, p. 879.
(3) CAFFIAUX, *Trés.*, p. 716.
(4) *Id.*, *ibid.* — Titres de la maison de Melun. — Le P. AN-
SELME, t. VI, p. 265 ; t. VIII, p. 312.
(5) Le P. ANSELME, t. VII, p. 824. — *Cab. des titr.*, dossier de
Poix.

Jeanne de Créqui, sa cousine, fille de Jean II et de Marguerite de Beauvais. Il fut père de : 1º Louis ; 2º Jean, chevalier, seigneur de Fressenneville, vicomte de Domvast, marié à Nicolette de Scorion, mort sans hoirs avant 1401. — On trouve vers cette époque : Adam d'Abbeville, abbé de Séry, 1357 ; Jean d'Abbeville, prieur de la Chartreuse d'Abbeville , 1380 ; Emond de Bouberch, abbé de Saint-Valery, 1380, 1401 ; Nicolas dit Colin d'Abbeville, écuyer, 1382.

XXV. — Louis d'Abbeville, sire de Bouberch, Fressenneville, le Gaule de Beaumetz, Rosoy en Thiérache et autres lieux, servit en Ecosse sous Jean de Vienne, amiral de France [1]. En 1386, « par le décès de Grard de Boubers, son tayon » [2], c'est-à-dire de Gérard IV d'Abbeville, son aïeul, il devint sire de Bouberch et chef de nom et d'armes de la maison d'Abbeville. En 1392, il sert au Mans avec sa compagnie sous le comte de Saint-Pol. En 1416, il fait montre à Abbeville, comme chevalier banneret. Il testa en 1424. De Jeanne d'Eudin, sa femme, il eut : 1º Emond ; 2º Louis d'Abbeville, écuyer, qui fit montre à Thérouane en 1397 et fut marié à Marguerite des Plancques de Béthune, dont une fille, Marie d'Abbeville-Boubers, femme de Pierre de Baillencourt, dit Courcol, seigneur de Douchy ; 3º Jean d'Abbeville et Boubers, marié à Jeanne de Haveskerke, dont une fille Catherine. — On trouve, vers 1440, Philippe de Boubers, marié à Marguerite de Halwin.

XXVI. — Emond d'Abbeville, chevalier, seigneur de Bouberch, Frencq, Bléquin, etc., chambellan du roi,

----

(1) Terrier du Loray, p. 104.
(2) Note de M. le comte de Calametz.

hommagea le 21 juin 1400, la terre de Bouberch [1]. Il est mentionné parmi les chevaliers de Picardie convoqués, en 1417, à Arras, par le comte de Charolais pour faire le serment de servir la reine et le duc de Bourgogne envers et contre tous, sauf le roi de France [2]. En 1418, il assiste au massacre des prisonniers du parti d'Armagnac par le peuple de Paris. En 1421, il est en guerre avec Jacques d'Harcourt, « qui se tenoit au Crotoy et prit au hâvre d'Etamples un vaissel chargé de blé qui étoit à messire Hémon de Bomber. » La même année, « messire Edmond de Bomber » est fait prisonnier au siège de Saint-Riquier, et il meurt dans cette ville « de maladie langoureuse, pour la mort duquel le dit duc de Bourgogne fut très-mal content et eut la volonté de rompre le dit traité (avec Jean d'Offemont, capitaine de Saint-Riquier), mais il fut apaisé par ses conseillers [3]. » Il avait épousé Jeanne de Rély, dame de Rély, Caumont, Frencq et Bléquin, dont il eut : 1° Jeanne d'Abbeville, dame de Bouberch, Domvast, etc., mariée à Jean II de Melun, fils de Hugues et de Béatrix de Beausart, et mère d'Hélène de Melun, deuxième femme de Charles d'Artois, comte d'Eu ; 2° Bonne d'Abbeville, dame de Rély, femme de Michel de Ligne, maréchal de Hainaut ; 3° Ide d'Abbeville, dame de Bléquin, femme de Jean de Bernieules.

Emond d'Abbeville laissa aussi un fils naturel, Colart de Boubers, bourgeois de Douai en 1442, marié à Jacqueline d'Aubry, dont il eut : 1° Nicolas, marié à Jeanne Lennel, dame de la Vacquerie, et père de

(1) Rosny, t. iv, p. 71.
(2) Monstrelet, p. 428 : « Mess. Edmond de Boubers. »
(3) Id., p. 436, 502, 507, 513.

Françoise de Boubers, femme de Jacques de Bonmarché ; 2° Charles de Boubers, marié à Madeleine Baron : 3° Colinet de Boubers [1].

Emond d'Abbeville, qui fut le dernier légitime de la branche aînée des sires d'Abbeville-Boubers, portait le nom d'un des premiers seigneurs du Ponthieu, tige de sa race, et fut lui-même appelé quelquefois Emond de Ponthieu en témoignage de son illustre extraction [2]. — Dom Grenier constate en ces termes l'extinction de cette branche :

« La branche aisnée est fondue dans la très-noble maison de Meleun par l'alliance de Jeanne d'Abbeville, fille et héritière d'Emond d'Abbeville et de Jeanne de Rély, avec Jean de Meleun. Cette branche avait sa sepulture aux Cordeliers d'Abbeville dont ils sont fondateurs ; leurs armes y sont aposées à plusieurs endroits » [3].

XIV

BRANCHE DE BOUBERS-IVREGNY.

« La branche puisnée d'Abbeville, dite d'Yvergny » porta indifféremment les noms d'Ivregny ou de Bou-

(1) Ms. de LE BLON. — BELLEVAL, *Nobil.*, 2ᵉ éd., p. 4. — CAFFIAUX, *Trés.*, p. 7.

(2) Le P. IGNACE, *Hist. gén.*, p. 791 : « Messire Emond de Ponthieu, dit Abbeville, descendu des anciens comtes de Ponthieu. » Emond, seigneur de Ponthieu, en 653.

(3) GRENIER, t. LXXXIII, fᵒ 2.

bers [1]. « On a voulu dire, ajoute dom Grenier, que cette branche n'étoit pas légitime [2].»

L'assertion est fondée, mais seulement pour un rameau de cette branche, ainsi qu'on le verra ci-après.

Le fief d'Ivregny, au terroir de Moismont, avait, dès le commencement du xii° siècle, donné son nom à une race chevaleresque : Robert de Iverni, chevalier, souscrit en 1129 avec Hugues de Boubers, une charte de Hugues, châtelain de Cambrai, et, en 1149, une charte d'Enguerrand, comte de Saint-Pol. Ce fief échut peu après aux sires d'Abbeville, très-probablement par voie d'alliance.

XVII. — Jean d'Abbeville, *aliàs* de Bouberch, 2° fils de Guillaume Ier d'Abbeville et d'Ide de Bouberch, servit aveu en 1230 au comte de Ponthieu pour ses héritages sis à Ivregny. C'est très-probablement lui qui est « le sire de Ivregni » présent en 1254 « au bruslement d'Oisy ». Il est présumé père de : 1" Jacques; 2" Henri de Bouberch, qui en 1269 avait un fief sis « ou terroir dyverni ».

XVIII. — Jacques de Bouberch, chevalier, sire d'Ivregny et de Vaubecourt, vivant en 1268 et 1269, marié à (N... de Caumont ou d'Anconay?), est présumé père du suivant.

XIX. — Jacques de Bouberch, iie du nom pour sa branche, chevalier, sire d'Ivregny, servait en Flandre, au mois de septembre 1302.

Il est présumé père de Jacquot (petit Jacques), qui suit.

(1) Chap. xiv. — *Obit. de S.-Vulfr.*, ms. lat. 10113, f° 16; *Obit. du S.-Sépulcre*, ms. lat. 10114, f° 17 : » Obit... domicelle Marie de Boubers, alias d'Abbeville aut Divregny. »
(2) Grenier, *ibid.*

XX. — Jacques de Bouberch, iiie du nom, chevalier, sire d'Ivregny, est appelé « monseigneur Jakot d'Ivregni », dans un cartulaire de Ponthieu, le 25 janvier 1311 [1]. « Le seigneur d'Ivreigny lui tierch » est mentionné dans le rôle des nobles de Saint-Rikier convoqués pour la guerre en 1337. Il est présumé père du suivant.

XXI. — Robert de Bouberch, chevalier, seigneur d'Ivregny, Chepy, et Gruzon ou Grostison, vivant en 1337 et 1357, fut marié à Jeanne Goullee, dame de Chepy, et fut père de : 1° Jean ; 2° et peut-être de Josse d'Ivregny, écuyer, servant en 1371 sous Jacques de la Broye.

XXII. — Jean de Bouberch, iie du nom pour sa branche, seigneur d'Ivregny, Chepy, Grostison et Framecourt, joignit sa plainte à celle de Gérard d'Abbeville, sire de Bouberch, au sujet de l'exécution de Ringois [2]. Il épousa Isabeau de Luxembourg, dont il eut : 1° Robert ; 2° Adam, Ade ou Adenet de Bouberch, écuyer, marié à Eude Laudee, tué au siége de Merck, en 1405 : 3° N... de Bouberch, femme de Jean d'Estaples, chevalier, sire du Fayel, tué aussi à Merck.

XXIII. — Robert de Bouberch, iie du nom, chevalier, seigneur d'Ivregny, etc., reçu bourgeois d'Abbeville en 1373, épousa N... de Bernieules de Pardieu, dont il eut : 1° Robert, dit Robinet (petit Robert) ; 2° Gui d'Ivregny, tué à Merck en 1405 ; 3° Marguerite de Boubers-Ivregny, femme de Jean de Brestel ; 4° un fils naturel, Perrotin, dit Blanor d'Ivregny, écuyer, seigneur de Mons, Caubert et Ercourt, « fils de bas de

---

(1) Rosny, t. ii, p. 803.
(2) Grenier, t. lix, f° 40-41 ; t. lxxxiii, f° 3-4.

monseigneur de Chepy » [1], tige du rameau illégitime qui s'éteignit avec les filles de Louis d'Abbeville-Ivregny, maïeur d'Abbeville en 1493, et d'Antoinette de Biencourt.

XXIV. — ROBERT de Bouberch, III° du nom, dit Robinet, chevalier, mourut sans hoirs, et sa succession fut recueillie par sa sœur.

XV

BRANCHE DE BOUBERS-TUNC-BERNATRE.

Avant de tracer la filiation de cette branche, je crois utile d'exposer succinctement les origines des premiers sires de Bouberch, dont le dernier rejeton, Ide, porta ses grands biens par mariage dans la maison d'Abbeville.

Les chroniques conservées dans les archives de l'abbaye de Saint-Aubert de Cambrai portent « qu'un Waldberk est auteur du nom des seigneurs de Bouberch. » Plusieurs Waldberck furent, sous la première race de nos rois, comtes ou ducs de la partie maritime du nord de la France habitée par les Morins. Du Gange a donné la filiation de ces princes jusqu'à Engilberk, comte de Ponthieu, gendre de Charlemagne et ancêtre de Hugues de Ponthieu, époux de Gisèle de France : les sires de Bouberch auraient eu ainsi une origine commune avec la maison d'Abbeville. Cette

____

(1) *Id.*, t. LXXXIII, f° 3.

opinion me paraît fondée, mais je rattacherais de préférence ces seigneurs aux comtes de Thérouane et de Hesdin, issus directement des comtes de Ponthieu. Vers le milieu du xie siècle, le fief de Budberz ou Bobert sur Canche appartenait au comte de Hesdin, qui en donna à l'abbaye d'Auchy l'église, le labour d'une charrue et la pêcherie du moulin. Vers 1100 apparaît un chevalier du nom de Girard de Boubers, que je présume avoir été apanagé de ce fief comme puîné par le comte de Thérouanne et de Hesdin [1], et qui fut probablement père de Hugues de Bubers, vivant en 1129, père de Raoul de Bouberes, vivant en 1146, père de Hugues II de Bouberch, vivant en 1179 et 1190, et de Guérin de Bobers, prêtre, qui en 1197 souscrit une charte de Thibaut, évêque d'Amiens [2].

Le nom de Boubers est écrit dans les titres et les chroniques avec de nombreuses variantes : Boberk, Boberc, Boberch, Bobers, Bobert, Budberz, Budbert, Bubers, Boeberk, Beuberch, Bouberk, Bouberc, Bouberch, Bouberchs, Bouberes, Boubert, Bouberg, Bouberck, Bouberche, Boubeuch, Boubech, Boubierch, Boubiertz, Bourborch, Bomberch, Bomber, Bombers, — et enfin Boubers, orthographe qui a prévalu.

Le blason des premiers sires de Boubers, relevé avec leur nom vers 1200 par Guillaume d'Abbeville, brisure de l'ancien écu de Ponthieu comme celui des

---

(1) Chap. xv. — *Pièces orig.*, t. CDXXVIII, *Boubers*, nᵒ 66. Note de d'Hozier (Cartul. de Pontoise). — Cardevacque, p. 174, 185, 186, 191, 212.

(2) J. le Charpentier, t. ii, preuves, p. 17. Charte de Hugues. châtelain de Cambrai, juillet 1129 : « Hugo de Bubers. » — Cartul. de Sélincourt. — Chérin, *Généal. d'Abb. Boubers*. — Rosny. t. i, p. 217. — Cardevacque. p. 207.

comtes de Boulogne, confirme la tradition de leur
illustre origine : les comtes de Ponthïeu portaient primitivement d'or à 3 pals ou bandes de gueules ; les
comtes de Boulogne brisèrent en y substituant 3 tourteaux, armes qu'adoptèrent probablement aussi les
comtes de Thérouanne ou Saint-Pol ; car les premiers
sires de Bournonville, issus de ces derniers, portaient
d'or à 3 tourteaux de gueules [1]. Les sires de Boubers brisèrent en adoptant 3 bers [2], ou 3 écus [3], ou 3
gois, gaissarts ou gisarmes de gueules [4].

Hugues II de Bouberch, marié probablement à N...
de Ligny, souscrit, en 1179, une donation de Watier
de Ligny, son cousin, à l'abbaye de Saint-Aubert de
Cambrai, et, en juin 1184, une donation d'Hugues d'Oisy,
châtelain de Cambrai, à la même abbaye [5]. En 1190,
il fut maïeur d'Abbevi le. Ide de Bouberch, sa fille
unique, porta ses grands biens à Guillaume d'Abbeville, seigneur de Tunc, son mari.

« La maison de Bouberch, dit une lettre de 1682,
est asseurement une des plus anciennes nobles du
comté d'Artois, voire de nom et d'armes, dont la terre
de Boubers en est sortie par une fille héritière de

(1) Casellas, p. 1.

(2) Berceaux. — On trouve les trois bers sur des sceaux du
xiv⁰ siècle. M. le Cᵗᵉ de Boubers-Abbeville pense que ses ancêtres portèrent aussi trois *cœurs* de gueules ; je crois que
« cuers » aura été lu pour *bers*, brisure qui constituait des
armes parlantes — *Mém. de la Soc. des Ant. de Pic.*, t. v ; tir. à
part, p. 14.

(3) Grenier, t. cxvii, f⁰ 140. — C'est le blason le plus usité
dans toutes les branches de la maison d'Abb. Boubers.

(4) Grenier, t. cxlvii, f⁰ 14.

(5) J. le Charpentier, 3ᵉ part., p. 282 et 4ᵉ part., p. 22 — Grenier, t. lxxxiii, f⁰ 64.

la branche aînée et est entrée en celle d'Abbeville. »

« On croit, dit dom Caffiaux, que cette maison étoit puînée de celle de Ponthieu, qu'elle tiroit son origine de Guillaume Ier, comte de Ponthieu, dont un fils prit le nom d'Abbeville, et que de cette branche sont sortis les Boubers et les Bernâtre [1] ».

La branche de Tunc-Bernâtre, dont je vais rapidement esquisser l'histoire, s'est illustrée, comme ses aînées, par son dévouement à la patrie, par ses vertus chevaleresques, par ses bienfaits, et, de plus que les branches d'Abbeville-Boubers et d'Ivregny, elle a la fortune de s'être perpétuée jusqu'à nos jours.

XXII. — GUILLAUME d'Abbeville, *aliàs* de Bouberch, troisième fils de Guillaume Ier d'Abbeville et d'Ide de Bouberch, servit aveu en 1230, 1240 et 1244, pour ses fiefs sis à Tunc et à Willencourt. En 1251, Gérard d'Abbeville, sire de Bouberch, ratifie une donation faite par « Guillaume son frère » à l'abbaye de Willencourt. Guillaume épousa Agnès de Fontaines, fille d'Aléaume, chevalier, maïeur d'Abbeville, et il fut père de : 1° Jean ; 2° et peut-être d'Aelme ou Aléaume, vivant en 1266.

XVIII. — JEAN de Bouberch, chevalier, seigneur de Tunc, Vitz, la Motte-lès-Auxy, etc., vivant en 1263, fut père de : 1° Jean ; 2° et peut-être de Miéhius ou Mathieu de Bouberch, vivant en 1310.

XIX. — JEAN de Bouberch, IIe du nom pour sa branche, chevalier, seigneur de Tunc, etc., vivant en 1283, épousa Agnès de Villers, dont : 1° Jean ; 2° Pierre ; 3° et 4° Hugues et Nicolas, morts sans hoirs [2].

---

(1) *Trés.*, p. 3.
(2) SAINT-ALLAIS, p. 167. — CHÉRIN, *Généal. de Boubers.*

XX. — Jean de Bouberch, IIIe du nom, chevalier, seigneur de Tunc, etc., épousa vers 1315 Mahaut de Rayneval, dame de Bernâtre. Il était gouverneur d'Abbeville en 1364 lorsqu'il reçut du roi Jean l'ordre de remettre la ville et le comté de Ponthieu à Nicole de Louvain, sénéchal nommé par le roi d'Angleterre. Le 12 août de la même année, il prêta serment de fidélité à Edouard III avec les baillis et maïeurs de Ponthieu [1]. Il fut père de : 1° Jean ; 2° Baudouin, surnommé Gadifer ou Gratisart, vivant en 1337 et 1390, marié à Béatrix de la Ratte, dont un fils, Jean de Bouberch, qui épousa Jeanne de Regouville et fut père de Jean de Bouberch, marié à Marguerite de Boufflers et auteur des rameaux de Boubers-Vaughenlieu et de Boubers-Mélicocq : 3° N... de Bouberch, femme de Gui de Bianges, seigneur de Châtillon, issu des comtes de Blois, ducs de Bretagne ; 4° et peut-être de « Martin de Boubierch, écuyer », vivant en 1342.

XXI. — Jean de Bouberch, IVe du nom, vicomte de Bernâtre, seigneur de Tunc, etc., vivant en 1337 et 1339, épousa Jeanne de Neufmez, dont un fils, qui suit :

XXII. — Pierre de Bouberch, dit Blanor, vicomte de Bernâtre, seigneur de Tunc, Neufmez, etc., vivant en 1405, épousa Valentine de Pardieu, dont il eut : 1° Nicolas ; 2° Jean, marié à Suzanne de Rambures, dont Marie de Boubers, femme de Jacques du Hamel de Bellenglise, puis de N... de Calonne, seigneur d'Alembon. — Pierre de Bouberch laissa, en outre, deux enfants naturels, Jean de Boubers, dit Petit-Jean ou le bastard de Bernâtre, assassiné en 1448 par

1) Chérin, *ibid.* — Le P. Ignace. *Hist. gén.*, p. 188.

Hugues d'Auxy, — et Marie de Boubers, femme de Colart Baugois.

XXIII. — Nicolas, dit Colart ou Colinet de Bouberch. vicomte de Bernâtre, etc., épousa Béatrix d'Anvin d'Hardenthun, dont postérité jusqu'à nos jours.

XVI

BRANCHE DITE DE SAINT-RIQUIER.

« Une autre famille de Boubers, d'Abbeville, dit dom Grenier, portoit trois aigles éploiées pour armes et s'écrivoit Boubers. Ils avoient le fief Goupillières et un à Boubers [1]. »

« Les Boubers de Saint-Riquier, lisons-nous dans la première édition du *Nobiliaire de Ponthieu* [2], qu'on dit avoir été une branche cadette, portaient *de gueules à 3 bers ou berceaux d'or*, et aussi *d'or à 3 aigles éployées de sable becquées et membrées d'or.* » Mais, dans sa deuxième édition [3], M. le marquis de Belleval dit que les Boubers de Saint-Riquier n'avaient rien de commun avec la maison de Boubers: en quoi j'estime qu'il se trompe.

Dans les généalogies de Boubers par Chérin et Saint-Allais, on voit que Jean III de Bouberch-Ber-

(1) Chap. XVI. — T. LXXXIII, fº 64.
(2) T. I, p. 66.
(3) P. 205.

nâtre eut trois frères, entre autres Pierre, dont elles ne mentionnent que le nom. Jean III épousa, vers 1315, Mahaut de Rayneval-Bernâtre. Or, en 1326 on trouve un mandement de « Pierre de Bouberch, conseiller du Roy nostre sire » [1], qui me paraît être le frère du dit Jean et avoir été l'auteur de la branche de Saint-Riquier, et qui est le même sans doute que Pierre de Bouberch, sergent du Roi, commis en 1349 par Philippe VI, avec Jean de Dommart et Pierre d'Hallencour, à la garde d'Abbeville, et en 1350 à la garde de Saint-Riquier ; que Pierre de Bouberch, nommé par lettres du 10 juin 1366 commissaire du roi de France pour s'entendre avec les commissaires du roi d'Angleterre, qui occupe « des lieux, terres et segnouries qui ne lui doivent point appartenir ». Ce Pierre fut probablement père de Pierron de Bouberch, auditeur à Saint-Riquier en 1334 et 1360, et de Mathieu ou Mailly de Bouberch, aussi nommé commissaire du roi par les dites lettres de 1366 ; qualifié en 1369 « lieutenant du sénéchal de Ponthieu » ; en 1371 « conseiller du roy nostre sire », dans une quittance scellée de son sceau, qui porte 3 bers ou berceaux [2] : appelé Mailly de Bomberch et qualifié « avocat, conseiller du roy », en 1375, dans un mandement de Hugues Aubriot, chevalier, garde de la prévosté de Paris. Le 19 février 1372, « Mailly de Bouberch, conseiller du Roy », donne quittance de 40 livres parisis

---

(1) Grenier, t. cclcviii, non pag.

(2) Rosny, t. i, p. xx et 229. — *Ordonn. des Rois*, t. iv et v. — *Layett. Ponth.*, J 236, n° 71 et 74. — Clairamb., *Titre scell.*, t. xix, p. 1303. — *Pièc. orig.*, t. cdxxviii. Le scel de Mailly de Bouberch a pour supports deux léopards ; un sauvage debout tient l'écu devant lui.

à lui dues pour ses gages, et son scel porte les 3 écussons des Abbeville-Bouberch. Le 8 septembre 1375, Charles V donne à Jehan Pinchon l'office d'avocat et conseiller du Roi au comté de Ponthieu, vacant par le décès de « Maillet de Bourborch [1] ». En 1378, Mally de Boubèrch, conseiller du Roi à Abbeville, sans doute fils du précédent, tient fief de Valbonnement. Peut-être Mally est-il le même que Mahieu de Boubers qui en 1400 a un fief à Canchy au lieu de dame Climenche Sommecarde, veuve de sire Mahieu Au Costé, et un autre fief à Moufflières.

A cette branche appartenaient, je présume : Henri de Boubers, bailli de Saint-Pierre d'Abbeville en 1347; Jean de Bouberch, bailli de l'église Notre-Dame de Valoires en avril 1399; Guillaume de Boubers « eslu en Pontieu », en 1419; sans doute le même que Guillaume de Boubers, « escuier, seneschal de Pontieu » en 1428, et que Guillaume de Bouberc, père de Jean, qui en 1415 prit l'habit au monastère de Saint-Waast d'Arras [2]; Jean de Boubers, bachelier ès lois, lieutenant particulier du sénéchal de Ponthieu en 1460, « jugecommis au dit Ponthieu pour le roy nostre sire » en 1460 et 1462, sans doute le même que Jean de Boubers qui, en 1465, « fait deux voyages d'Abbeville à Saint-Riquier sa patrie pour le service d'Abbeville, paie 16 sols comme fieffé à l'arrière-ban, est reçu gratuitement bourgeois d'Abbeville à cause de ses services », en 1473 est procureur en Ponthieu de Mgr le duc de Bourgogne, et en 1474 est bailli de la Ferté-Saint-Riquier; Pierre de Bouberch, dit Portefin, « lieu-

(1) L. Delisle, *Mand.*, p. 604.
(2) Van Drival, p. 63.

tenant de Jehan Brunet, bailly de Bernastre et de
Thun les Auxy pour noble homme Antoine de Bouberch, escuyer, seigneur des dits lieux », en 1461.

Les Boubers, d'Epernay en Champagne, se disaient.
au XVIIe siècle, « issus de la grande maison des anciens
seigneurs de Boubers, ès marches de Ponthieu en
Picardie », et ils fournissaient une filiation remon-
tant à « Mailly de Boubers, chevalier, de l'ancienne
maison des seigneurs de Boubers, qui espousa Mahaut
de Reaumont, fille de Jean de Reaumont, ch^{er}, et
de Jeanne, dame d'Yencourt, laquelle étoit fille héritière du seigneur d'Yencourt et de Mahaut de Bournel [1] qui chargea Guillaume, son petit-fils, des armes
d'Yencourt que ses descendants portèrent comme
dessus : d'or a 3 aiglettes de sable, membrées et on-
glées de gueules » [2]. Il faut évidemment lire Yaucourt,
dont ce sont les armes, que prirent les descendants de
Mailly de Boubers au lieu des trois écus d'Abbeville
Boubers qu'il portait dans son scel, comme on a vu
plus haut. Sur la production de leur filiation, les Boubers d'Epernay furent maintenus dans leur noblesse [3].
Cette branche paraît subsister en Alsace, où elle a
pour chef actuel M. le marquis de Boubers, comman-
deur de la légion d'honneur, ancien conseiller-général
du Haut-Rhin, résidant à Ribeauvillé et qui porte dans
son écu les trois aiglettes d'Yaucourt [4].

(1) M. de Belleval mentionne, en effet, l'alliance de Louis.
Sgr de Bussu, avec Marguerite Bournel, fille de Louis, ch^{er}.
Sgr de Thiembronne, Beauchamp et Lambersart. — *Nobil.*,
2e éd., p. 227.
(2) D'HOZIER, dossier d'Abb.-Boubers.
(3) D'HOZIER, *ibid.*
(4) *Etat présent de la nobl. franç.*, 1873-1874.

XVII

La réflexion que le lecteur a déjà faite, c'est que si dans la généalogie de la maison d'Abbeville-Bouberch on trouve, aux xie et xiie siècles, plusieurs Rorgon, il ne s'y trouve, au xive siècle, ni Rorgon ni Ringois : et cependant le héros de la légende est là.

Les objections se pressent : *Ringois* n'est-il donc pas l'altération populaire de *Rorgon?* Si *Ringois* n'est pas le nom d'une famille, est-ce donc un prénom ? Mais où a-t-on vu jamais le prénom de Ringois? Si *Ringois* était des sires d'Abbeville-Bouberch, pourquoi ce nom ne figure-t-il pas dans leur généalogie ?

Je répondrai à ces questions.

M. le comte de Boubers-Abbeville pense que « Rorgon est devenu par altération, dans le langage picard, *Ringoué*, puis Ringois ». L'explication est plausible: *Rorgon* ou *Rogon* devint Raagon, comme *Rollo* devint *Raal*, comme *Frollo* donna le diminutif *Fraalin* ou *Frallin* ; Raagon s'écrivit ensuite Raingon ou Ringon, comme *gaingner* s'écrivait *gaugnier*; la finale *on* se transformait assez souvent en *ois*, Bohon en Bohois......Mais on voit que la filiation est tourmentée, et l'on pourrait, à ce compte, faire venir *alfana* d'*equus*.

Ringois n'est pas un nom de famille, et surtout le

nom d'une ancienne famille bourgeoise d'Abbeville ou du Ponthieu; les vieux noms d'Abbeville se retrouvent tous et à profusion dans les anciens titres, dans les obituaires de Saint-Vulfran et du Saint-Sépulcre, dans les milliers de chartes reproduites ou compulsées par dom Grenier, dans le trésor des chartes, dans l'état des fiefs et arrière-fiefs du Ponthieu, dans les chartes du Ponthieu éparses dans la collection Moreau, dans les écrits de Rumet, dans le Terrier du comté de Ponthieu, dans la chronique de Saint-Riquier continuée par Cotron, dans le *Supplément au glossaire de Du Cange* par dom Carpentier, dans le Censier de Saint-Vulfran, dans les *Recherches généalogiques* de M. de Rosny, dans les ouvrages de M. le marquis de Belleval, dans la liste des maïeurs d'Abbeville, dans le Catalogue des gardes du scel et des auditeurs d'Abbeville depuis 1333, dans la « liste des juges et consuls des marchands establis en la ville d'Abbeville », dans les *Chartes de Ponthieu*. dans les « layettes Ponthieu » des archives nationales, etc. : Alegrin, le Ver, Faffelin, Lenganeur, Thouvoyon, le Carbonnier, le Caucheteur, Patin, le Flameng, le Sergeant, Clabaut, Cholet, Briet, Barbafust, Laudée, au Costé, le Bel, de Caïeu, Journe, Magnien, le Febvre, Massue, Crignon, Alliamet, du Croquet, Tillette, Saulvage, Marant, du Hamel, Vaconssains, Gorguechon, Boussart, Coulon, Marcotte, Alexandre, Mention, Macqueron, Heket, Macquet, Doquet, Descaules. Beauvarlet, Laignel, Rumet, de Mautort, Saussart. etc.; pas une seule fois ne se rencontre une famille Ringois ; on trouve des le Ragois, des Ringot, des Ringost, des Ringuet, des Ringart, des de Rinquins. mais tout cela n'est pas Ringois, et encore la plupart

de ces noms sont-ils étrangers à Abbeville et au
Ponthieu. Je ne rapporte donc les indications qui vont
suivre que pour montrer à quel point j'ai poussé le
scrupule des recherches.

Jean-Baptiste le Ragois, seigneur de Bretonvilliers.
lieutenant-général au gouvernement de Paris, mort
en 1712, eut pour successeur dans sa charge et pour
héritier son neveu Bénigne le Ragois, marquis de
Bretonvilliers. J'ignore si N... le Ragois, chanoine de
Saint-Quentin, qui fit enregistrer ses armes en 1696 [1],
était de cette famille. C'est celle dont le nom se rap-
proche le plus de celui de Ringois; mais elle était
relativement récente, et, si le héros abbevillois eut été
des siens, elle n'eût pas manqué de se prévaloir de cet
héroïque ancêtre, de cette glorieuse affinité.

Raingard ou *Ringard*, prénom en usage dès le
Xᵉ siècle, devient dans la suite des siècles un nom
patronymique.

En 1451, Charles VII accorde des lettres de rémission à Jehan Ringart, de Gisors [2]. En 1547, Pierre
Rainguard possède deux petits fiefs à Raincheval. En
1619, Mathieu Ringard est mentionné parmi les principaux habitants du bourg de Mailly, mouvant du
château de Péronne [3]. Vers 1697, Adrien Ringard,
marchand bourgeois d'Amiens, fait enregistrer ses
armoiries : d'or à une bande engreslée d'azur [4].

Raingot ou *Reingot*, prénom ou surnom en usage
dès le XIᵉ siècle, devient ensuite un nom patronymique.

---

(1) D'HOZIER, *Arm. général*, Picardie, p. 886. Ses armoiries
différaient de celles de le Ragois de Bretonvilliers.
(2) *Trés. des Chart.*, reg. 184, fᵒ 107.
(3) DE BEAUVILLÉ, t. III, p. 501 ; t. II, p. 284.
(4) D'HOZIER, *ibid.*, p. 598.

Jehan Raingos est mentionné en 1391 dans le cartulaire de Gosnay. Au mois d'avril 1393, Bernard Ringot « subgiet et justiciable de noble et poissant nostre très cher et doubté seigneur monseigneur de Bernières et de Cayeu », accusé de meurtre et de vol sur la personne de Willaume de Waly, est jugé et acquitté par les hommes-liges du seigneur de Cayeu, et reçoit ensuite de Charles VI des lettres de confirmation de rémission données « à Abbeville ou mois davril lan de grace mil ccc iiij xx et treze, et de nostre regne le xiij⁰ » [1]. En 1477, Guillaume Ringot est des vassaux de la baronnie de Bellebronne en Boulonnais, et Jean Ringot tient fief de Colemberg [2].

Autres lettres de rémission accordées en 1449 à Nicolas de Rinquins [3], et en 1484 à Colinet Ringost, — dont suit extrait :

« Charles, par la grace de Dieu, roy de France... Nous avons receu lumble supplicacion de Colinet Watier et Colinet Ringost, archer du nombre des deux mil de Picardie, contenant Que, ung jour de dimenche aprez la feste de la magdalaine despassée, ledict Ringost suppliant estant en la ville d'Acheu [4], Jehan Ringost, son cousin, luy dist que aulcuns du lieu de Frirolles [5] luy avoient dit quil seroit batu. » Naturellement, en brave archer, en bon Picard, Colinet Ringost, accompagné de son cousin, de Maxent Bonnet, de Thomas Ringost et de Colin Ynart, court au devant du danger. Ils arrivent à Frirolles « pour voyr se on

<hr>

(1) *Très. des Chart.*, reg. 144, f⁰ 113. — Clairamb., *Inv.*, p. 1166.
(2) Rosny, t. i, p. 134, 396.
(3) Clairamb., *Inv.*, p. 1493.
(4) Arr. d'Abbeville, cant. de Moyenneville.
(5) Frireulles, hameau de la comm. d'Acheux.

leur diroit riens », et ils se mettent à la danse.
« Quant ils eurent dansé une note ou deux, ung nommé Hutin [1] de Sorel » les aborde : la bataille commence, à coups de flèches, à coups de pique, et Colinet Ringost étend sur le carreau « ung nommé Jacob Gaupoy ». Charles VIII gracie son vaillant archer et Colinet Watier, « moyennant ce quilz paieront cent sols tournois damende pour emploier en œuvres piteables », et la grâce leur est accordée « en honneur et révération de la passion de Nostre Segneur Jesus Christ, laquelle il a voulu souffrir à tel jour quil est aujourduy pour la redemption de tout le humain lignaige. Donné ou boys de Vincennes ou moys de mars avant pasques lan de grace mil cccc iiij xx et cinc [2] ». Il y avait sans doute un peu de sang de héros dans les veines de Colinet Ringost : et ce nom, qui est le même que celui de Ringot, porté encore de nos jours par une famille de Saint-Omer, a quelque temps arrêté mon attention. « *Goy*, dit Borel [3], mot corrompu de *got* ou *goth*, qui signifie *Dieu*, dans tous les pays septentrionaux. Dans les *Annales de Hainaut*, on lit *Ostrogois* pour *Ostrogoths*. » Ringot pouvait avoir fait Ringoy, le *Ringoué* picard proposé par M. le comte de Boubers-Abbeville ; mais ce n'est là qu'un jeu de philologie qu'aucune preuve ne confirme.

Ringuet, surnom chevaleresque au XIIᵉ siècle, devient ensuite un nom patronymique. Regnault Ringuet, du Beauvaisis, et Jehan Ringuet, de la prévosté de Saint-Riquier, figurent dans le rôle des fieffés du

(1) Diminutif de Hugues, Hue, Huet.
(2) *Trés. des Chart.*, reg. 211, fᵒ 68. — CLAIRAMB., p. 1704
(3) *Dict. du vieux franç.*, p. 112.

bailliage d'Amiens convoqués pour la guerre en 1337.
— Honoré Ringuet, prêtre, chapelain de Saint-Jean-des-Prés d'Abbeville, est mentionné en 1351 et 1352, dans les titres du chapitre de Saint-Vulfran. Henriet Ringuet, écuyer, figure en 1412 dans la monstre de Hanotin de Bournonville.

« Ringois d'Abbeville ou Ringois, d'Abbeville, me faisait l'honneur de m'écrire M. de Rosny; toute la question est dans la virgule. Rumet prétend qu'il se nommait Rorgon et était de la très-noble et ancienne maison d'Abbeville..... M. le marquis Le Ver, l'homme le plus instruit sur les antiquités du Ponthieu, mort depuis peu d'années, n'est pas du sentiment de Rumet. Cherchant à éclaircir cette question, il dit avoir parcouru tous les cartulaires du Ponthieu sans jamais y avoir rencontré ce nom de Ringois, mais souvent celui de Ringuet, de l'ancienne bourgeoisie d'Abbeville, et encore, dans le patois picard actuel, Ringuet se prononce *Ringunit.* » — Mais Ringuet ou Ringuoit n'est pas Ringois, et si notre héros se fut appelé Ringuet, Charles V ne l'eût pas nommé Ringois.

Il est certain qu'on ne trouve, au XIVe siècle, aucun membre de la maison d'Abbeville ayant le prénom de Rorgon; du moins il n'en existe pas de trace dans les titres. Je rappelle que c'est Rumet qui, intrigué par le nom bizarre de *Ringox,* a émis l'hypothèse de Rorgon; dom Grenier a lu *Ringon,* qui se rapprochait de Ringois, et tous les auteurs ont dit après eux « Rorgon ou Ringois d'Abbeville ».

Ringois n'est ni un nom de famille, ni un prénom. ni l'altération populaire d'un prénom.

C'est un surnom, comme le dit clairement Jean

de Montreuil [1], et c'est un surnom chevaleresque.

Un exposé de l'origine et de l'usage des surnoms est indispensable ici, non moins que des exemples probants, pour confirmer ma thèse. A peu d'exceptions près, tous ces exemples seront empruntés aux XIIIe et XIVe siècles, et je les ai recueillis presque tous dans le dénombrement de la pairie de Bouberch en 1343, dans les publications de M. de Belleval, dans *La Féodalité en Picardie*, par M. Tailliar, dans les registres des dénombrements et dans le trésor des chartes, aux archives nationales, dans les *Chroniques de Saint-Denis*, dans le tome III des *Tablettes historiques*, dans l'*Annuaire de la noblesse*, de M. Borel d'Hauterive, dans la collection de Picardie, dans la collection Moreau, dans les chroniques de Froissart, dans les rôles du ban et de l'arrière-ban de 1337 pour le bailliage d'Amiens, dans les *Documents* publiés par M. de Beauvillé, dans l'*Histoire généalogique* du P. Anselme, dans la Morlière, du Gange, Moréri, P. Roger, le marquis de Belleval, E. de Rosny, etc.

XVIII

Les surnoms ont été en usage non-seulement en France, mais en Angleterre, en Italie et l'on peut dire

(1) F° 10 : « .... Quemdam militem dominum Johannem Capponneau *vocatum* .... quemdam opidanum virum de Abbatisvilla *cognomento* Riugoys. »

dans toute l'Europe féodale, dès les premiers temps du moyen-âge ; ils font partie des us de la chevalerie, comme les armoiries, les bannières, les cîmiers, les cris de guerre, comme tout ce qui pouvait servir à distinguer les chevaliers entre eux. Ce fut seulement vers le milieu du xie siècle que les seigneurs commencèrent à prendre le nom de leur fief et que les noms tendirent à se transmettre héréditairement. « Les nobles avaient coutume de reproduire le nom de l'aïeul dans le petit-fils, quelquefois même celui du père dans le fils [1]. » Le lecteur a pu constater cet usage dans la généalogie des sires d'Abbeville qui, presque tous, s'appellent Gérard, Guillaume ou Jean. Dans ces temps où le précepte divin, *crescite et multiplicamini*, était plus en honneur que de nos jours et où le grand nombre de rejetons était considéré comme un gage de la protection divine, comme une source de bénédictions célestes, il n'est pas rare de rencontrer des familles de douze, quinze, vingt enfants. La liste des saints n'était pas aussi étendue que de nos jours ; puis chaque contrée avait ses noms favoris, qui rappelaient les vertus d'un pieux personnage, les prouesses d'un héroïque guerrier, les gestes d'un glorieux conquérant, de sorte qu'à une cour plénière, tenue en 1171, près de Bagneux, il se trouva « cent dix chevaliers du nom de Guillaume, sans compter les simples gentilshommes et serviteurs [2] ». L'usage des surnoms facilita les moyens de distinguer entre eux

(1) CHAP. XIX. — CANTU, t. IV, p. 471.

(2) DURUY, au chap. des Croisades. — MONTAIGNE, l. I, ch. XLVI. — L. VIAN, p. 18. — Voy. le P. MENESTRIER, *Orig. des noms* ; LA ROQUE, *Traité de l'orig. de la nobl.* et *Traité de l'orig. des noms* ; E. DE ROSNY, t. I, p. 11-13.

les chevaliers et les membres d'une même race. « Vous
devez savoir, dit un romancier du xve siècle, que de
coutume les capitaines et chefs de guerre ne sont
nommés par leurs noms, *si ces noms ne sont bien
courts*. Je vis un capitaine qui, en son enfance, avoit
nom Estienne de Vignolles, et toutefois, depuis qu'il
se mit à faire la guerre jusqu'à sa mort, on le nomma
La Hire [1]. » On conçoit, en effet, la nécessité pour
les chevaliers, pour les capitaines, d'avoir un nom
court et sonore, qui était parfois le cri de guerre et de
ralliement de leur milice ; aussi les surnoms eux-
mêmes étaient-ils fréquemment écourtés. Le plus
souvent c'étaient de simples sobriquets tirés des qualités ou défauts physiques, des vertus ou des actions
guerrières, des pièces du vêtement ou de l'armure, du
caractère, de la résidence, des habitudes, des fonc-
tions, des possessions, des armoiries, de la naissance,
de la tournure d'esprit, d'un accident, et quelques-uns
de ces surnoms témoignent que la naïve gauloiserie
de nos pères ne s'effarouchait pas d'appellations d'une
singulière crudité [2]. Beaucoup se contentaient de dé-
naturer leur prénom, soit par l'adoption d'un augmentatif ou d'un diminutif, soit par l'adjonction d'une
finale sonore. *Art, ois, quin*, étaient les finales
favorites, les terminaisons militaires par excellence.
L'article *le* se plaçait souvent devant le surnom,
usage que les Italiens ont conservé pour le nom

---

(1) *Le Jouvencel.* — Cité par M. Louis Vian, p. 70.

(2) Jehan Blanc derrière, Cocu de le Warde, Jehan Galigot,
Jehan li Bougres, Robin Culdefer, messire Josbert, fils de
Guill. *Culus putridus*, Radulfus *Puta natura*. *Dénombr. de Boubers*, 1343. — R. DE BELLEVAL, *Rôle*, p. 31. TAILLIAR, p. 64, 91,
94, 110. — *Coll. Moreau*, t. LVIII, charte de l'abb. de S.-Lucien,
1138. — E. DE ROSNY, t. I, p. 453.)

même : *il Danto, l'Ariosto, il Tasso, il Boccaccio,* le Dante, l'Arioste, le Tasse, le Boccacc. — D'aucuns prenaient un surnom jouant sur leur prénom et rappelant leurs armoiries, ou bien donnant au prénom un sens nouveau, ordinairement militaire. — Quelques-uns avaient deux surnoms. -- Lorsqu'un chevalier avait illustré son surnom, ses descendants le reprenaient quelquefois après lui, et des chevaliers de la même province se faisaient honneur de l'adopter, autant pour rendre hommage au héros que pour marquer qu'ils sauraient combattre et mourir comme leur modèle. — Un certain nombre de ces surnoms devinrent héréditaires dans les familles nobles, ou furent adoptés comme noms patronymiques par des familles nouvelles. — Enfin il n'est pas rare de trouver, dans les actes publics, le surnom substitué pleinement au prénom.

« ... Les surnoms, dit un ancien généalogiste, se prenoient et se donnoient des lieux de la naissance, de quelques qualitez naturelles, de quelques vertus acquises, de quelques évènements singuliers d'une entreprise, des exercices de la vie qu'on menoit, ou en considération et mémoire de quelque fameux personnage d'une famille ; voire mesme la seule fantaisie s'en attribuoit l'invention, que nous pourrions nommer généralement *sobriquets,* lesquels ont esté bien souvent retenus par les descendans et conservez comme des véritables surnoms. Du Chesne, en son histoire de Béthune, dit que semblables sobriquets, donnez en forme de surnoms, témoignent bien plus expressement la grandeur et la hautesse de ceux qui les ont portés et receus.... Bref, si je ne croyois vous ennuyer, je vous pourrois icy rapporter deux mille

autres familles qui se sont fait connoistre par des tels
sobriquets et surnoms. D'ailleurs, plusieurs grandes
familles de France, par forme patronymique, en mémoire et en l'honneur d'un de leurs pères, ont aucunes
foys converty le nom propre d'iceluy en leurs propres
surnoms [1]. » Sur la fin du xvie siècle, les gentilshommes abandonnèrent l'usage des sobriquets militaires, mais il se conserva dans les rangs inférieurs
de l'armée française, où les « noms de guerre » se
perpétuèrent jusqu'en 1789 ; l'ordonnance du 3 juillet
1749 en avait même consacré l'existence officielle, en
prescrivant de leur réserver une colonne sur les con-
trôles.

Voici maintenant quelques surnoms tirés de la
forme, de la couleur ou d'une partie du vêtement :
Roquet, rochet, manteau : Florent dit Roquet de Cor-
mery. *Cufard*, qui porte une coiffe : Cufard de Nurlu,
chevalier. *Grison*, fourrure : Colart dit Grison de
Clary. *Grismouton* de Chambly. Robert d'Alembon,
dit *Pute pelice*. *Pourpouras*, pourpre, par abréviation *pouras* : Gilles dit Pourras de Doing. *Garni col*
Breton, écuyer. *Rabache* ou *Robache*, haut-de-
chausses : Rabache de Hangest, Rabace de Tois, Robache d'Ault. Pierre d'Oresmieux, dit *Brodours*.

Surnoms tirés des armoiries : Hugues de Chester,
dit *le loup*, portait sur son écu une tête de loup.
Guillaume de Senlis, dit *le loup*. *Dragonnot* de
Joyeuse portait 3 hydres. Nicaise dit *Dragon* de Ra-
millies, un dragon d'or en champ d'azur ; Watier de
Longueval, dit *Dragon*, un dragon de gueules en
champ d'or ; Gilles d'Azincourt, dit *l'oegle*, une aigle.

<hr>

[1] J. LE CHARPENTIER, t. II, p. 44-46.

Jean, dit *Maillet* de Mailly, portait 3 maillets. *Faisseux* ou *fasceux*, qui porte des fasces : Robert de Béthune, dit Faisseux. *Frétel*, qui porte des frettes : Robert de Vismes dit Frétel.

Surnoms tirés de vertus, de qualités ou d'actions guerrières : Guillaume de Melun, chevalier croisé, surnommé *le charpentier* à cause des coups terribles qu'il assénait avec sa hache : Mathieu du Hamel dit le Carpentier ; Roger de Gouy dit Carpentier, Jehan Bouvier dit *bras de fer*, Martel Obert dit *bras d'acier*, Jean d'Attenghem dit *tient fort*, Jean de Prouville dit *fier à bras*. Sacremore, abrév. de massacre-mores : Secqremor de la Vacquerie, Saigremor d'Airaines. Jean de Créqui, Jean de Mailly, dits *l'estendart*. Jacques de Bourbon, comte de Ponthieu, dit *fleur des chevaliers*. Louis de Villeneuve-Trans, dit *riche d'honneur*. Pierre dit *Valeureux* de Bournonville. Bonaventure dit *Bien aventureux* de Phaletans. *Patrouillart, patroullart*, vigilant, et par abrév. *trouillart, troulart* : Patrouillart de Trie, Geoffroy de Joinville dit Trouillart, Trouillart de Maucavrel, Troulart de Montcaurel, Trouillart de Caffort, Mahieu de Hargny, dit Troulart, Troullart de Pisseleu, Troilart du Gardin. *Flament*, fulminant, flamboyant. Familles où l'on trouve ce surnom : de Lannoy, de Brestel, de Pontremy, de Hangest, de Fransures, de Rambures. de Roye, de Cany, de Ribemont, de Locres, de Caudry, de Crèvecœur. *Rifflart*, râfleur. Familles : de Flandre, de Calonne, de Cambronne, d'Airaines, de Neufville, de Wandosne, du Castel, de Beaucamp, de Cohen, de Fleschin, de Damiette, de Rencourt, d'Avesnes. Jean dit Rifflart Quiéret. Rifflardin Quiéret. *Deutard*, habile : Deutard de Roondel. *Avisant* de Caumont.

Trémant, qui fait trembler : Tremant d'Aoust. *Hideux*, qui effraie : Hideus de Saint-Amant ; Hideux de Marcoin ; Pierre de Fampoux, dit *le horrible. Courageux :* Baudouin de Flandre dit Courageux ; Courageux de Tœuffles. *Bohon*, prénom, a fait Bohois, Bohors qu'on écrivait souvent *Boort*, mot qui signifiait « joûte à la lance » : « messire Bohois de Saint-Venant... ledict mess. Bohors [1] ». *Estourmy, estourdy*, escarmoucheur : Estourmy de Gouvion. *Esquivart*, agile : Esquivart de Chabanois.

Surnoms tirés du genre ou des pièces de l'armure, de la monture ou des armes de combat. C'étaient les plus usités : *Allemand, flamand, sarrasin, scot*, armé à l'allemande, à la flamande, à la sarrasine, à l'écossaise. *Morel, moreau, morelet, morlet, morin, morinot*, ayant une armure ou un cheval noir. *Carbonnel*, même sens. *Branor, blanor, blanior*, épée d'or, par abréviation Anor et Anior ; Pierre dit Perrotin d'Abbeville, dit Blanor d'Ivregny ; Pierre de Boubers dit Blanor ; Thumas dit Anior d'Acheu. *Courbet*, sabre : Courbet de Vauchelles, Baudouin de Rubempré dit Courbet. *Durendal*, épée du preux Rolland : Durendal Gaillet, chevalier. *Brancart*, longue épée : Branquart de Tongry. *Brichet, briquet*, frondeur : Jean dit Briquet d'Espeuilles. *Herpe*, longue épée à grappin, d'où *Herpin, Herpart, Hapart, Happart. Martel*, massue, diminutif *Martelot. Maillet*, massue d'où Maillart, Maillot, Maillotin, surnoms pris fréquemment par des chevaliers s'appelant Mahieu ou Mathieu. *Broingne*, cotte de mailles, d'où Broingnart : Brongnart de Hauteclocque. *Renge, ringe, ringue,* du

<hr>

[1] A. N., P 137, f° 50.

latin *ringa*, baudrier : Pierre dit Ringuet de Brisay. *Baugois, baugis*, vaillante gisarme : Baugois d'Ailly, Jean Machon, dit Baugis. *Tasse, Tassette*, armure des cuisses, d'où *Tasset, Tassin, Tassinet, Tassart*, surnoms adoptés fréquemment par des chevaliers s'appelant Eustache. *Ganivet*, coûteau, et par abréviation *Nivet :* Canivet de Rœux, Nyvet de Trucheville. *Cucuron*, carquois, par abréviation Curon : Curon de Maus. Quant au nombre des surnoms tirés des prénoms par voie d'augmentatif ou de diminutif, il est vraiment infini ; la coutume de les abréger, par la suppression d'une ou de deux des syllabes initiales, servait encore à multiplier les surnoms. Quelques exemples vont suffire.

Jehan a fait Jehannet, Hannet, Jennet, Jehannot, Hanot, Jehannicot, Génicot, Nicot, Jehennart, Jehennin, Hennin, Janin, Génin, Jéninot, Janinet, Jéninet, Ninet, Jehannotin, Hanotin, Notin, Notinet, Tinet, Jehennequin, Hennequin : Hanotin de Bournonville, Notin d'Aviaux, Jean ou Notinet d'Humières dit Tinet. — *Firmin*, Frémin, Emin, Fréminot, Fréminet, Fréminard, Minard. — *Enguerrand*, Engrand, Enguerranet, Errand. — *Alexandre*, diminutifs Sandrin, Sandret. — *Thomas*, Thomasset, Masset, Maset, Thomassin, Massin, Masin, Thomin, Thomassart, Massart. — *Renaud*, Renaudet, Naudet, Renaudot, Naudot, Renaudin, Naudin. — *André*, Andrieu, Drieu. — *Raymond*, Remondot, Mondot, Remondin, Mondin, Remonet, Monet, Remonin, Monin, Remonat. — *Denis*, Deniset, Denisot, Denisart, Nisard. — *Willaume, Guillaume*, Guillemet, Guillemin, Guillemot, Lemot, Guillemotet, Motet, Guillemotin, Motin, Guillemart, Guille, Wille, Willart, Willequin, Guillin, Guillart, Guillois, Guillot, Guillotin, Gilles, Gillart, Gillot, Gillotin, Lotin, Gile, Gilequin, Gilet, Gilois, Gilon, Gilion, Gilart, Gilardin, Lardin. — *Hugues*, Hues, Hue, Huon, Huart, Huet, Hutin, Huguet, Huguetin, Hugot, Hugotin, Hugon, Hugonnet, Gonet, Hugonin, Gonin, Huguenin, Guenin, Hue, Huchet, Huchon, Husson. — *Jacques*, Jacquet, Jacquot, Jacquotin, Jacotin, Cotin, Jacquart, Jacquin, Jacquinet, Quinet, Jacquinot, Quinot, Jacquelin, Jacquemet, Jacquemart, Jacquemin, Quemin, Jacqueminet, Minet, Jacqueminot, Minot. — *Pierre*, Pierret, Perret, Perrin, Perrinet, Pernet, Perrinel, Pernel, Perrinot, Pernot, Pierron, Perron, Pierrart, Pérart, Pierrot, Perrot, Perrotin, Rotin, Pierquin : Perrot Chenu, roi d'Yvetot; Perrotin d'Ivregny, Rotin de Beaumont. — *Robert*, Robertet, Bertet, Robertot, Bertot, Roberquin, Berquin, Robertin, Bertin, Robin, Robinot, Binot, Robinet, Binet, Robillart, Billart : Robinet de Bellengreville, Binot d'Ailly, Binet de Rambures, Robillart de Meaux, Billart de Prez.

Surnom illustré par un chevalier et repris par d'autres :

Rabache. — Jean dit Rabache de Hangest, fils de Rogue de Hangest, maréchal de France, se distingua par sa bravoure et ses vertus chevaleresques dans la première moitié du xıvᵉ siècle. Son tombeau, dans l'église de Saint-Martin de Davesnecourt. portait cette glorieuse épitaphe : « Cy gist noble et honoré chevalier Jehan, jadis appelé Rabache, seigneur de Hangest, lequel fust en son temps preudhomme et vaillant aux armes, et trespassa à Londres en Angleterre, ostage pour son souverain seigneur le Roy Jehan de France que Dieu absolve, au moys de septembre 1363. Priez

Dicu pour son âme. » De son vivant et après sa mort, des chevaliers de Picardie se décorent de ce surnom : Rabace de Tois, Rabache de Tannay, Robache d'Ault, Jehan du Hamel, dit Rabache, Jehan sire de Fransines, dit Rabache.

FLAMENT. — Mathicu de Roye, grand-maître des arbalétriers de France en 1347, vaillant chevalier, était surnommé « le Flament ». On retrouve ce surnom, après la première moitié du xive siècle et au xve, dans les familles de Pontremy, de Rambures, de Hangest, de Lannoy, de Fransures, de Brestel, et autres.

PATROUILLART. — Geoffroy, sire de Joinville, dit Patrouillart et par abréviation Trouillart, chevalier croisé, trouve en Palestine une mort glorieuse, en 1204. Dans les siècles suivants, ce surnom est relevé par les sires de Trie, de Montcavrel, de Caffort, de Hargny, de Pisseleu, etc.

GALOIS. — Jean de Montigny, dit Galois, chevalier du Vexin, portait l'oriflamme de France à la bataille de Bouvines. Son surnom est repris ensuite par un nombre infini de chevaliers et d'écuyers.

MOREL. — Robert dit Moreau de Fiennes, valeureux connétable de France sous les rois Jean II et Charles V. Son surnom est repris dans les familles d'Hardenthun, de Loaing, de Mons, de Campremy, de la Chapelle, d'Avesnes, de Saveuse, du Bos, de Guébienfay, et autres.

RIFFLART. — Rifflart de Flandre, capitaine-général du comté de Flandre, illustre par ses exploits son surnom qui, de son temps et après sa mort, au xve siècle, est repris par des chevaliers d'Artois, de Flandre ou de Picardie : Calonne, Cambronne, Fleschin, Quiéret, d'Avesnes, Raincourt, Damiette, Beaucamp, Airaines, Neufville, Waudosne, Gouy.

Baugois. — Baudouin d'Ailly, vidame d'Amiens, baron de Picquigny, à l'exemple de Baudoin dit Baugois d'Anvin, chevalier, vivant en 1337, fait de son prénom un surnom et s'appelle *Baugois.* Preux chevalier, il tombe à Azincourt; de son vivant et après sa mort, des gentilshommes de Picardie et de Ponthieu se parent du surnom qu'il a illustré, les Tœuffles, les Gribeauval, les Popincourt, les la Beuvrière, les Fontaines, les Crésecques.

Surnoms abrégés par la suppression d'une ou de plusieurs des syllabes initiales : *Patrouillart :* Trouillart, Troilard, Troullard, Troulart. — *Pourpouras :* Pouras. — *Ganivet :* Nivet. — *Robillart :* Billart. — *Robinet :* Binet.

L'article s'employait fréquemment devant le surnom : Vilain de Gand, *le* Vilain de Fay. — Jean Daisne dit Baudrain, *le* Baudrain Daisne. — Baudrain de la Heuse, *le* Baudrain de la Heuse. — Pierre de Poix dit Baudran, *le* Baudran de Poix. — Aubert de Hangest, dit Flament, *le* Flament de Hangest. — Denis de Basincourt dit Foisseux, *le* Foisseux de Viry. — Amoral d'Egmont, *l'*Amoral d'Egmont. — Boort Quiéret, *le* Boort de Foix. — Roger de Gouy dit Carpentier, Mathieu du Hamel dit *le* Carpentier. — Ringois d'Abbeville, *le* Ringois d'Abbeville.

La plupart des prénoms et des surnoms chevaleresques furent adoptés comme patronymiques par des familles de la bourgeoisie ou du peuple : c'est ainsi qu'on trouve des Raingot [1], des Raingard [2], des

---

(1) Raingot de Gand, ch^{er}, 1005 : Reingot de Tenremonde, ch^{er}, 1085.

(2) Raingardus, au Xe siècle.

Watier [1], des Alegrin [2], des Aliamet [3], des Baugois [4],
des Courageux [5], des Engerran [6], des Espaulart [7], des
Nisard, des Ringuet, des Ribaud, et des familles Ra-
bache, Grognet, Baugois, Flament, Emond, Faùvel,
Huart, Hutin, Jumel, Maillart, Maillet, Mailly, Martel,
Martelet, Moreau, Morel, Ganivet, Robillart, Robinet,
Binet, Courbet, Crespin, Brancart, Patour, Tassart,
Tassin, Vilain, Briquet, Hennequin, Poulain, Gillart,
Rifflart, etc., tous surnoms portés autrefois par des
chevaliers, et qu'on retrouve encore dans l'*Annuaire
de la Somme* [8] ou dans l'*Almanach d'Abbeville* [9].
C'est ainsi qu'on trouverait peut-être une famille Ringois, en compulsant avec soin les archives d'Abbeville.
Aussi ne fus-je pas surpris d'apprendre que ce nom se
rencontrait effectivement dans un acte de ·baptême
dont la découverte était due aux patientes recherches
de M. Louis Greux, chef du bureau militaire à la
mairie d'Abbeville.

« Registre où sont contenus les noms, prénoms,
« et surnoms des enfants baptisés de la paroisse
« Saint-Gilles, 1608-1625 :.... le 25 mars 1610, un fils
« à Jehan Ringois, nommé François par François

(1) Watier de Ligny, ch[er], 1179.
(2) Algrinus, prévôt en 1174.
(3) Diminutif d'Aléaume. Aliamet Boullain, homme-lige de
Bouberch, 1343.
(4) Colart Baugois, marié à Marie de Bouberch, 1450.
(5) Famille de S.-Omer.
(6) Famille de la bourgeoisie d'Abbeville.
(7) Jehan Espaulars, tenancier de l'évêque de Cambrai,
1387.
(8) Par M. Paul Ansart, 1876, p. 802-802.
(9) C. Paillart, éditeur, 1877, p. 163-174. et à la liste des
adresses, p. 2-51.

« Coulon et Marie Martine, parrain et marraine » [1].

En recevant cette communication, je fis tout d'abord cette remarque que si « Jehan Ringois » eût été bourgeois d'Abbeville, la mention en eut été probablement inscrite dans l'acte après son nom; la qualité de bourgeois était justement appréciée; c'était une véritable distinction sociale [2], et elle figure ordinairement, lorsqu'il y a lieu, dans les titres antérieurs à la Révolution.

Jehan Ringois devait être, pensai-je, quelque humble artisan, dont un aïeul avait pris le nom du héros légendaire, comme d'autres prirent celui de Baugois, de Flament, de Rifflart ou de Rabache. Vouloir rattacher cet obscur habitant de la paroisse Saint-Gilles à Ringois d'Abbeville, c'est comme si l'on essayait, par exemple, de rattacher François Coulon [3], le parrain, à cause de l'homonymie, à Guillaume de Casenove, dit Coulon, amiral de France en 1461. Parce que l'on trouve aujourd'hui des familles Rabache [4], Baugois [5], Rifflart [6], etc., c'est comme si l'on voulait, sans autre indice probant que l'homonymie, induire que le preux chevalier picard, chef de l'illustre maison de Hangest au XIVᵉ siècle, mort en Angleterre ôtage pour son roi, s'appelait Rabache de son nom de famille et était du lieu de Hangest (Somme); que le vaillant vidame d'Amiens, sire de Picquigny, tué à Azincourt, s'appelait de son nom de famille Baugois

---

(1) Fᵉ 10, verso, anno 1610. — Renseign. commun. par M. L. Kermorvan, l'auteur de *Ringois vengé*.

(2) Voy. C. F. LOUANDRE, *Hist. d'Abb.*, t. I, p. 200 et 202.

(3) Peut-être était-ce François Coulon, maïeur d'Abb. en 1617.

(4) P. ANSART, *Ann. de la Somme*, 1876, p. 880.

(5) *Ibid.*, p. 801.

(6) *Alm. d'Abb.*, 1877, p. 166

et était du lieu d'Ailly (Somme) ; que le valeureux capitaine - général du comté de Flandre s'appelait de son nom de famille Rifflart et était natif de Flandre.

Si la rencontre du nom de *Ringois* dans un registre paroissial de 1610 eût pu prouver quelque chose, c'était sa popularité, puisqu'à l'égal d'autres glorieux surnoms il eut été adopté patronymiquement par une humble famille. Aucun argument, d'ailleurs, ne me paraissait pouvoir prévaloir contre ce fait qu'avant 1610 on ne trouve *pas une seule fois* le nom de Ringois dans les nombreux documents concernant la ville d'Abbeville et le comté de Ponthieu, tandis que tous les vieux noms de la bourgeoisie abbevilloise s'y rencontrent à profusion.

Mais il est toujours bon d'aller au fond des choses, surtout en matière de recherches historiques et de vérification de textes. Je recourus à l'obligeance d'un érudit abbevillois, M. Armand Van Robais, qui voulut bien, à ma prière, examiner le registre baptismal de Saint-Gilles, où l'on m'assurait que se trouvait mentionné, au 25 mars 1610, le baptême d'un fils de Jehan *Ringois*. M. Van Robais y lut *Ringou* : il constata que partout les i sont régulièrement surmontés d'un point ; or, il n'y a pas de point sur la lettre qui, dans ce nom, suit l'o ; il eut même la courtoise attention de m'envoyer un calque où, de préférence à *Ringou*, je lis *Ringost*, nom d'une famille originaire d'Acheux, commune du canton de Moyenneville, et j'inclinerais à voir dans le Jehan Ringost de 1610 un descendant de Nicolas dit Colinet Ringost, archer du nombre des deux mille de Picardie, qui, en 1484, reçut de Charles VI des lettres de rémission, ou bien de Jean ou Guillaume Ringot, vivants en 1477.

Notons enfin que les surnoms passèrent de la coutume chevaleresque dans la coutume légale ; dans les titres ils sont quelquefois consignés soit après le nom, soit à la place du prénom qu'ils supplantent : les documents officiels des xiii° et xiv° siècles offrent même d'assez fréquents exemples de la pleine substitution du surnom au nom de baptême. Dans l'arrière-ban de 1337, Jean Quiéret, dit le Vaquier, de l'illustre maison de Wignacour, est appelé « le Vaquier Quiéret, chevalier. » Dans des lettres de Jean II, en 1360, et dans le rescrit de Charles V instituant un conseil de régence, en 1374, Jean de Mauquenchy, sire de Blainville, dit Mouton, maréchal de France, est appelé « messire Mouton de Blainville. » Pierre de Brisay, chevalier poitevin, dit Ringuet, est appelé « Ringuet de Brisay » dans l'acte par lequel, en 1371, il déclare adhérer aux appellations du comte d'Armagnac et du sire d'Albret. — Je pourrais rapporter d'autres exemples de cette nature, mais c'est assez mettre à l'épreuve l'attention et la patience du lecteur.

XIX

Ringois ne vient ni de *Rorgon*, ni de *Ringox*, — qu'on ne trouve que dans Rumet ; — c'est un surnom, abrégé suivant la coutume chevaleresque qui voulait que « les capitaines et chefs de guerre ne fûssent nommés par leurs noms si ces noms n'étaient bien courts [1] ». C'est ainsi, on l'a vu, que, par suppression des premières lettres ou de la première syllabe, Nyvet, Trouillart, Binet, Billart, Curon, Pouras, Mondin, Emin, Anor, Errand, etc., étaient l'abréviation de Ganivet, Patrouillart, Robinet, Robillard, Cucuron, Pourpouras, Remondin ou Emondin, Frémin, Blanor, Enguerrand.

Ringois est l'abréviation d'ORINGOIS.

Ce surnom chevaleresque, avant d'exercer la sagacité de l'étymologiste, a causé bien des mécomptes aux chroniqueurs, aux scribes, aux généalogistes qui l'ont à l'envi défiguré en Orengois, Orengeois, Lorengeois, Oranglois, Oringnois, Arangay, Orangier, Erengois, Rangois, Ringox, Ringoix, Ringon, Ringors, Riugois, etc.

Je confesse que l'étymologie d'*Oringois* m'a longtemps tenu perplexe. Je tirai successivement ce surnom singulier d'*arengerie*, lieu d'assemblée tumultueuse, dit Du Cange [2], et je voyais le héros d'Abbeville haranguant ses concitoyens, incitant les patriotes du Ponthieu à refuser l'obéissance servile au roi d'Angleterre et à secouer le joug de l'étranger ; mais la thèse était plus séduisante que soutenable ; — de la couleur de la casaque ou du pourpoint, Orangeois d'Abbeville, comme on disait Pourras de Doing, Grison de Clary, Grismouton de Chambly ; du prénom toscan *Oringo*, illustré au commencement du XIV⁰ siècle, par les vertus et les miracles de sainte Oringa ; [3] — d'une alliance avec la famille d'Orenge, fixée à Abbe-

(1) CHAP. XIX. — *Le Jouvencel*, roman du XV⁰ siècle. Cité par M. Louis VIAN, p. 70.

(2) *Gloss. gallic.*

(3) *Bolland.*, 10 janvier.

ville, vers le xiv⁰ siècle, dans la paroisse du Saint-Sépulcre [1] ; — de quelque glorieuse expédition faite près
d'Orange, hypothèse que je devais à l'obligeance du
savant M. Eugène de Rosny ; — mais, peu satisfait du
résultat de mes recherches, je pris le parti de consulter un érudit de qui l'obligeance égale le savoir et qui
voulut bien me faire cette réponse : « Je n'ai jamais
rencontré dans aucune charte ce nom de Ringois ou
Oringois. Il me paraît ne pouvoir être expliqué que
par ces mots, *orans* ou *orant*, participe présent du
vieux verbe *orer*, qui signifiait prier [2], et *goy*, forme
populaire du nom de Dieu [3]. *Orant-goy* voudrait donc
dire littéralement *Priant-Dieu*. » Cette pieuse défini-
tion ne m'ayant pas converti, je poursuivis les recherches, et je m'aperçus enfin, une fois encore, que
les plus savants même vont chercher bien loin des
explications assurément ingénieuses, mais que contredit la lecture attentive de Du Cange, de Roquefort et
de La Curne Sainte-Palaye.

Orin, doré ; *goiz* ou *gois*, épée ou gisarme [4], nous
disent ces lexicographes. *Orin-gois* signifie donc littéralement *épée ou gisarme dorée*, et c'est là un surnom parfaitement chevaleresque, qui rappelle celui
de *Blanor*, épée d'or, que portèrent Perrotin d'Abbeville et Pierre de Bouberch, et celui de *Baugois*, vaillante épée ou gisarme, que portait Baudouin d'Ailly,

---

(1) *Obit. du S.-Sép.*, fᵒˢ 5 et 51 : « Obit Henry d'Orenge et sa
femme. »

(2) NOEL, *Dict. etym.*, t. ii, p. 494-495.

(3) BOREL, *Dict.*, p. 112.

(4) DU CANGE, *Gloss. lat.*, aux mots *goia*, *gessum*, *gisarma* ;
Gloss. gallic., aux mots *orin*, *goiz*, *guoy*. — ROQUEFORT, *Gloss.*,
t. i, p. 695. — SAINTE PALAYE, *Gloss. franç.*, t. xiv, fᵒˢ 14 et 141,
aux mots *gois* et *guoys*.

sire de Picquigny. De *goy* ou *gois* dérivèrent les synonymes, les augmentatifs ou les diminutifs *goiart*, *goil*, *goiot*, *gouet*, *gouy*, *goisse*, *goisset*, *guissart*, *gaissart*, *gisarme*, *ghisarme*, *guisarme*, *guissarme* [1]. Or dom Grenier note qu'un rameau de la maison d'Abbeville-Boubers, au lieu des trois *bers* ou *écus* des sires de Bouberch, portait « vers 1380, d'argent à trois *gaissars* de gueules ». Cette coïncidence n'est pas à dédaigner : elle nous montre le *gois* ou *gaissart* en usage au xive siècle dans la maison d'Abbeville, et elle sert à confirmer l'extraction chevaleresque de notre héros. — M. de Rosny a trouvé l'écusson de Bouberch blasonné anciennement « de gueules à 3 bers d'or [2] ». On sait qu'au xive siècle encore les chevaliers modifiaient les émaux et même les pièces de leur blason pour se distinguer d'un frère aîné ou du chef de la race. Peut-être Ringois d'Abbeville portait-il « de gueules à 3 *gois* d'or », et devait-il son surnom aux pièces de son écu.

Ringois ne vient donc pas de *Rorgon*, et l'une des preuves les meilleures qu'on en puisse avancer, c'est que si *Ringois* n'eût été qu'une altération populaire de *Rorgon*, des chevaliers de Picardie eussent tenu à honneur de relever ce prénom glorieux en l'imposant à leurs rejetons : tandis qu'au contraire, vers le début du xve siècle, le nom de Rorgon disparaît complètement.

L'observation, me dira-t-on, s'applique également au surnom de Ringois ou Oringois : si le héros eût appartenu à l'illustre maison d'Abbeville, les cheva-

---

(1) Roquefort, *ibid.* — **Dict.** *de Trévoux*, au mot *guisarme*.
(2) Grenier, t. cxlvii, f° 16. — E. de Rosny, t. i, p. 218.

liers Picards et Pontiviens eussent tenu à honneur de relever ce glorieux surnom d'un des leurs. Aussi n'y manquèrent-ils point et plus d'un vaillant gentilhomme de Ponthieu, de Picardie ou d'Artois, sur la fin du XIVe siècle et dans le XVe, quitta son prénom baptismal pour arborer, en signe d'hommage et de glorification, le surnom illustré par l'admirable mort d'Oringois d'Abbeville, dont le souvenir était vivant dans le cœur de la chevalerie.

Ringois de Rely.

La maison de Rély, d'ancienne origine, prit son nom d'une seigneurie sise près d'Aire en Artois. Les sires de Rély étaient chevaliers bannerets dès le XIIIe siècle [1]. Jean, chevalier, sire de Rély et de Caumont en Artois, gouverneur de Bohain, servit le roi Philippe de Valois dans ses guerres contre les Anglais et les Flamands et fit des prodiges de valeur à la bataille de Saint-Omer, le 26 juillet 1340, avec Guy de Rély, son frère, et Gilles de Mailly, leur beau-frère [2]. Il épousa Anne d'Estourmel, dont il eut Nicolas, Colas ou Colart, dit Oringois de Rély, marié à Catherine de Wavrin et père de Jeanne de Rély, femme d'Emond d'Abbeville, sire de Bouberch [3]. Froissart, décrivant l' « ordonnance qui fut à l'obsèque du comte Louis de Flandre », en 1384, dit : « ... Item s'ensuivent ceux qui offrirent les bannières du tournoy. Pour la pre-

---

(1) Borel d'Haut., t. XIV, p. 368.
(2) Saint-Allais, t. XVII, p. 250.
(3) La Morlière, *Maisons de Pic.*, p. 312-324. — J. Le Charpentier, t. II, p. 938.

mière, messire Orengoys de Rilly [1] ». M. Buchon, dans sa
« table des noms d'hommes mentionnés dans les chroniques de Froissart, avec leur rectification », corrige
ainsi : « *Arangay* de Rilly [2] ». Singulière correction !
Froissart avait fort correctement écrit le nom d'Oringois, suivant sa prononciation ; *en* se prononçait au
xive siècle comme à présent *in* : « Laurence de Sorre,
vesve de feu Riffleart de *Rencourt* : la ville de *Rain-*
court et ses appartenanches [3] ». Un autre éditeur de
Froissart, M. le baron Kervyn de Lettenhove, a eu
sous les yeux un texte portant « Orengois [4] », et il dit
en note : « Quelques manuscrits de la *Chronique de
Flandre*, publiée par Denis Sauvage, renferment la
relation des obsèques de Louis de Male (comte de
Flandre). J'y relève quelques variantes dans l'orthographe des noms cités : Oringnois de Rely [5]. » L'u et
l'n se ressemblent tellement dans les anciens manuscrits qu'il est très-probable qu'il y avait Oringuois où
Denis Sauvage a lu Oringnois. — Une copie de la
Chronique de Froissart, conservée à la Bibliothèque
Nationale, porte « Erengois de Rilly » [6] ; mais le
magnifique exemplaire aux armes de Béthune [7]

---

(1) BUCHON, t. II, p. 295.

(2) *Ibid.*, t. I, p. XLV.

(3) A. N., Dénombr. du Vermand., P 135, f° 17. — « *Baudin*
de *Baudencourt* ». TERRIER DU LORAY, p. CVIII.

(4) T. X, p. 283.

(5) *Ibid.*, p. 541-542. — De la similitude de l'n et de l'u dans
les anciens manuscrits résultaient de fréquentes fautes de lecture ; on pourrait en rapporter de très-nombreux exemples ;
notons que l'u et le v s'écrivaient aussi de même, ce qui multi-
pliait encore les erreurs. C'est ainsi que Jean de Chaponval est
appelé tantôt Chaponnal, tantôt Chapounal.

(6) Ms franç., 2660, f° 227.

(7) N° 2664, f° 170.

porte « Orengoys de Relly », et la belle édition de 1530 [1], « messire Orengois de Rely ». D'Hozier l'appelle « Colart dit Orangeois » ou bien « Colart dit l'Orengeois de Rely », et J. le Charpentier, « Colard de Rely dit l'Orangeois [2] ». La Morlière le nomme « Colas dit Orangeois de Rely » et lui consacre ces lignes : Orangeois, seigneur de Rely et de Caumont, portait une bannière offerte par lui, aux solennelles obsèques de Louis, comte de Flandre, à Lille, en 1383. Il épousa Catherine de Wavrain, dont quatre filles : 1° Jeanne, mariée à Aimond d'Abbeville, seigneur de Bouberch et Domvast ; 2° Marie, mariée à Bertrand d'Eudin ; 3° Isabeau, mariée à Louis, seigneur de Verteing, tué à Azincourt en 1415 ; 4° Saintainne, mariée à Alard le Preud'homme, seigneur de Hallies. En 1389, au nom de la dite Saintainne, Colas, autrement Orangeois, seigneur de Rely, son père, releva le fief des Prez à elle appartenant du don d'un sien aïeul, sis au village de Flers, ayant justice de vicomté et tenu du duc de Bourgogne à cause de sa salle de Lille [3]. — Saint-Allais copie Jean le Charpentier et l'appelle « Colard, surnommé l'Orangeois, seigneur de Rely et de Caumont », et M. de Rosny, « Lorangeois » ou « Oranglois de Rely [4] ». — Le 1er février 1380, à Arras, « Oranglois de Rely, chevalier » donne quittance de 72 livres tournois pour sa compagnie servant en Picardie sous Monseigneur de Sempy [5]. Autre

(1) Paris, Galliot du Pré, t. II, f° 121.
(2) T. II, p. 398. — *Cab. des titr.* Doss. de Rély.
(3) LA MORLIÈRE, *Maisons*, p. 314-315.
(4) SAINT-ALLAIS, t. XVII, p. 250 ; — ROSNY, t. I, p. 82 ; t. III. p. 1233, 1235.
(5) BELLEVAL, *Tres.*, t. II, p. 199.

quittance du 2⁰ mars de la même année donnée par
« Guillaume de Relly dit Orengois, chevalier » [1].

Ringois d'Hardenthun.

La maison d'Anvin d'Hardenthun, ancienne et
illustre en Artois, était représentée à la troisième croisade par Pons ou Poncet d'Anvin, chevalier d'Artois,
dont les armoiries sont à Versailles, dans la salle des
Croisades [2]. Laurent d'Anvin d'Hardenthun, grand-
écuyer de France sous le roi Jean [3], en 1354, marié à
Jeanne d'Azincourt, fut le grand-oncle de Guillaume
d'Hardenthun, seigneur de Maison-Ponthieu, marié à
Yolande d'Auxy, dont il eut Jacques, dit Oringois ou
Ringois d'Hardenthun, et Jean d'Hardenthun, morts
l'un et l'autre à Azincourt [4].

Oringois d'Hardenthun, seigneur de Maison-Ponthieu, écuyer tranchant de la duchesse de Guyenne.
épousa Léonor de la Folie, dont il eut Béatrix d'Hardenthun, mariée à Colart de Bouberch, vicomte de
Bernâtre, seigneur de Neufmetz et de la Motte de
Tunc. — Dom Grenier (t. 83, p. 161) l'appelle Orengeois, et ailleurs (même tome, p. 64) Rengois de
Hardenthun, ce qui établit l'identité des noms de
Ringois et Oringois, ainsi que l'usage où l'on était
d'abréger ce surnom. — Haudicquer de Blancourt
note que « Orenglois de Hardentun » périt à la bataille d'Azincourt, et Saint-Allais que Colart de Bou-

(1) Clairambault, *Titr. scell.*, t. xcxv, p. 7395.
(2) P. Roger, *Bibl. hist.*, p. 81. — Borel d'Haut., t. iii, p. 341.
(3) Le P. Anselme, aux *Grands Ecuyers*.
(4) P. Roger, *Nobl.*, p. 172.

berch, vicomte de Bernâtre, épousa « Béatrix de Hardentun, fille d'Orangeois, chevalier, seigneur de
Maison-lez-Ponthieu » ; M. de Rosny l'appelle « Lorangeois » ou « Orangeois de Hardenthun [1] » ; M. P.
Roger, tantôt Oranglois ou Orangloys, tantôt Orenglois [2] ; — M. de Belleval, « Jacques dit Oranglois
d'Hardenthun [3] », et il rapporte une quittance de 1407,
donnée au receveur général de Bourgogne par Jean
Briet, pannetier, Oranglois de Hardentun, écuyer
tranchant, et Guillaume de Saint-Mesme, échanson
de Madame de Guyenne [4]. — Enfin le généalogiste
Chérin dépasse toutes les bornes de la fantaisie en
appelant Jacques dit Oringois d'Hardenthun : « Nicolas
l'Orangier d'Hardenthun [5] ».

RINGOIS DE BEAUSART.

La maison de Beausart, originaire de Picardie, a
fourni plusieurs connétables de Flandre, et paraît
avoir fait branche à Abbeville au XIVe siècle. Elle était
alliée à la maison de Melun par le mariage de Béatrix
de Beausart avec Hugues de Melun, père de Jean,
connétable de Flandre, qui épousa Jeanne d'Abbeville-
Boubers. En 1174, Guillaume de Belsart tient fiefs au
comté de Clermont [6]. En 1203, Simon de Beausart

---

(1) *Nobil. de Pic.*, p. 257. — SAINT-ALLAIS, t. VIII, p. 170. —
ROSNY, t. I, p. 217 ; t. II, p. 731.
(2) *Nobl. et chev.*, p. 172 et 282. — *Bibl. hist.*, p. 338.
(3) *Nobil.*, 1re éd., t. I, p. 158 ; 2e éd., p. 43.
(4) *Trés.*, t. I, p. 50.
(5) Généal. d'Abb. Boubers.
(6) LUÇAY, p. 21.

s'engage par serment « à rendre la forteresse de Beausart à Philippe, roi de France, toutes fois qu'il en sera requis par le seigneur roi ». En 1231, Guillaume de Beaussart est un des chevaliers qui s'engagent à veiller à l'exécution du traité passé entre le roi et le comte de Ponthieu [1]. Robert II de Beaussart, connétable de Flandre, fils de Malin II et époux d'une Beaumetz, est qualifié seigneur de Wingle, Rosny, Croisilles, Beaumetz, Boubers, et châtelain de Bapaume. Anthoine de Beaussart, chevalier banneret, fait monstre à Darnestal le 1er août 1420 [2].

« ORENGOIS de Biaussart » est nommé deux fois dans un obituaire de Saint-Vulfran d'Abbeville, de l'an 1408, et c'est probablement lui qui figure, en 1392, dans la monstre de Gamot de Bournonville sous le nom de « Reg. de Beaussart [3] ».

RINGOIS DE BEAUSAULT.

La maison de Beausault, d'origine chevaleresque, avait dès le XIIIe siècle des alliances illustres : Léonor de Beausault fut marié vers 1288 à Guillaume III le Bouteiller de Senlis, sire de Chantilly, dont la deuxième femme fut Blanche de Montmorency. On trouve Hugues de Beausault, chevalier, en 1192 ; Simon de Beaussault, chevalier, seigneur de Breteuil en 1226 ; Guillaume de

(1) DEMAY, t. I, p. 57. — CAFFIAUX, *Trés.*, p. 733. — TEULET, t. I, p. 243 ; t. II, p. 197. — A. DE CALONNE, p. 268.

(2) CLAIRAMB., *Titr. scell.*, t. XII, p. 744.

(3) L'e et le *g* de *Reg.* étaient sans doute surmontés d'un trait indiquant la suppression de l'*n* intermédiaire. LA MORLIÈRE. *Maisons*, p. 315. — GRENIER, t. CCC, *Obit.*, f° 2, 6. — E. DE ROSNY, t. I, p. 116. — CAFFIAUX, *ibid.* — Voy. l'*Indic. nobil.*, p. 49.

Beausault, aussi chevalier et seigneur de Breteuil
en 1246.

Le sire de Beaussault figure parmi les nobles de
Senlis, Amiens et Vermandois convoqués en 1350
pour le service du Roi, où il périt ainsi que Hugues de
Beaussault, chevalier banneret. En 1378, monseigneur
de Beausaut sert sous le maréchal de Blainville et se
distingue par sa vaillance contre les Anglais. La dame
de Beausault assiste « à la nouvelle chevalerie de
Louis II, roy de Sicile, duc d'Anjou, et de Charles,
comte du Maine, son frère, qui fut célébrée à Saint-
Denys, le samedi 1er may de l'an 1389 ». Jean de Beausault fut fait chevalier en 1410 par le connétable de
Saint-Pol. Louis de Beausault périt à la bataille d'Azincourt ; Antoine et Hue de Beaussault, frères, étaient
en 1419, à l'assaut de Saint-Martin-le-Gaillard avec le
sire de Gamaches [1]. Un rameau de cette maison, établi à Abbeville vers le xive siècle et dont était Jean de
Beaussaut, échevin en 1425, député de la commune en
1427, paraît avoir eu deux membres portant le surnom
d'Oringois : en 1407, messire Mahieu et « messire
Oranglois de Beaussault » obtiennent un relief pour
le moulin du Roi, à Abbeville ; en 1451, « Oranglois de
Beaussault » a son hôtel dans cette ville, rue Saint-
Gilles, « vis a vis la Grange aux Canoines [2] ».

---

(1) Du Chesne, *Chastillon*, p. 375. — Clairamb., *Titr. scel.*,
t. xii. — B. N., *Pièc orig.*, t. ccli. — Teulet, t. ii, p. 102. —
Monstrelet, p. 234, 378, 459. — La Roque, *Tr. du ban*, p. 185.
— Froissart, B. N., ms fr. n° 2647, f° 163. — Luce, p. 273. —
Luçay, p. 42.

(2) Le P. Anselme, t. vi, p. 55. — E. de Rosny, *ibid.* — R. de
Belleval, *Trés.*, t. i, p. 28.

Ringois d'Ailly.

M. le marquis de Belleval, dans son *Trésor généalogique de la Picardie* [1], relate une quittance du 6 juin 1412 donnée par Ringois d'Ailly, chevalier, à Jean de Pressy, trésorier des guerres, pour les gages de sa compagnie servant aux guerres du Roi sous le duc de Bourgogne. La maison d'Ailly, une des plus anciennes et des plus nobles du Ponthieu, alliée à la maison de France par le mariage de Jacqueline d'Ailly avec Jean de Bourgogne, comte de Nevers et duc de Brabant [2], l'était aussi aux sires d'Abbeville-Bouberch, ainsi qu'on l'a vu dans leur généalogie : Huon d'Ailly avait épousé une sœur de Gérard II d'Abbeville, sire de Bouberch, laquelle apporta en dot à son mari la terre et seigneurie de Boubers-sur-Canche. En avril 1260, du vivant de son père, Robert d'Ailly, fils aîné de Huon, fonde et dote une chapelle castrale au dit « Boubercs [3] ».

Ringois Blondin.

Une famille noble, du nom de Blondin, était établie en Ponthieu dès le XIIIᵉ siècle. Guillaume et Hue Blondin vivaient en 1311, le premier à Arrech, fief relevant de la pairie de Bouberch, le second à Hélicourt. Jean et Thomas Blondin furent convoqués pour la guerre, en 1337, avec les autres fieffés du Vimeu.

(1) T. ii, p. 2.
(2) Borel d'Haut., t. vii, p. 198.
(3) Grenier, t. cxiii, f° 201.

Jean Blondin, écuyer, servait en 1380 sous messire Willaume de Milly, chevalier. Rangois Blondin était, en 1469, homme d'armes des ordonnances du Roi sous le connétable de Saint-Pol [1].

Ainsi, de même que les surnoms illustrés par Rabache de Hangest, Patrouillart de Trie, Flamant de Roye, Baugois d'Ailly, étaient relevés en signe d'honneur par d'autres chevaliers, le glorieux surnom d'Oringois ou Ringois était porté, vers la fin du XIVe siècle et dans le courant du XVe, par des membres d'au moins six familles nobles de Picardie ou de Ponthieu, dont quatre étaient apparentées aux sires d'Abbeville, et dont une comptait parmi les vassaux de Bouberch.

Que si l'on s'étonnait qu'aucun membre de la maison d'Abbeville, postérieur à Ringois, ne figure dans la généalogie avec ce glorieux surnom, je ferais observer que rien ne prouve qu'il n'ait pas été relevé après lui par un ou plusieurs rejetons de sa race. Les documents, en réalité, font à peu près défaut pour les descendants de Gérard IV d'Abbeville-Boubers et de Jean II de Boubers-Ivregny. Le lecteur ne peut se figurer quelles recherches longues et pénibles il a fallu pour étayer la filiation. Les rares titres que j'aie pu compulser ne portent, pour aucun des membres de cette famille, à l'exception de deux ou trois, la mention du surnom chevaleresque; il est pourtant hors de doute que les Abbeville-Boubers durent, eux aussi, se parer de surnoms à l'exemple de toute la chevalerie

____

[1] E. DE ROSNY, t. I, p. 192.

française, et je ne serais pas surpris que des recherches ultérieures amenassent la découverte d'un ou de plusieurs Boubers revêtus du surnom de leur magnanime ancêtre.

L'orthographe du nom de Ringois ne fait pas doute ; — tel le donne la cédule du roi Charles V, tel l'a conservé la mémoire du peuple ; — mais en est-il de même de sa prononciation ?

Les picards, les artésiens, les flamands substituaient dans beaucoup de mots le *g* au *j* ; ils disaient par exemple *gambe* pour *jambe* ; dans la langue française elle-même, encore bégayante, le *g* dur remplaçait fréquemment le *j* ou *ge* ; on écrivait *Ango* pour Anjou, *bourgois* pour bourgeois, *loga* pour logea : « ... li dus Dango [1]...... et se loga le noble roy, celle nuist, ou maistre hostel [2]..... et emprès une forest qui est appellée Crécy se loga [3]..... et préserver bourgoyses et puchelles..... et peut on veoir grande pitié de bourgoys, de bourgoises [4]....... »

Cependant le j s'emploie quelquefois. Deux chartes de « Jehans quens [5] de Dreues, sires de Sainct-Waleri», l'une et l'autre de septembre 1247, portent, la première : « ... des nouveles coustumez que chil [6] dabbeville et chil de le terre le conte de pontieu ont acoustumé seur nos bourgois.... », et la seconde : « ... un bouriois de Caours qui sestoit acquitez à Sainct Waleri [7] ».

<hr>

(1) KERVYN, t. VII, p. 477.
(2) J. LE BEL, t. II, p. 82.
(3) P. PARIS, t. V, p. 460.
(4) J. LE BEL, *ibid.*, p. 73.
(5) Comte de Dreux.
(6) Ceux.
(7) *Layett. Ponth..* J 235, n° 8 et 18.

Oringoïs avait donc originairement la prononciation que la tradition nous a conservée ; mais de même que *bourgois* est devenu bourgeois, et *Baugois*, Baugeois, par l'intercalation d'un *e*, Oringois a pu devenir par la suite *Oringeois*. L'hypothèse explique l'orthographe *Orengeois* suivie par les généalogistes du xviiᵉ siècle ; toutefois cette orthographe me paraît arbitraire. *Gois*, en vieux français, a formé, comme on a vu, beaucoup de mots ; dans un seul, *gisarme*, la prononciation du g s'est adoucie, et encore le trouve-t-on plus fréquemment écrit *guisarme* ou *ghisarme* [1]. La famille de Gueschart est appelée dans les anciens titres Gaissart, Guessart, Guissart, Gaiscart, Gueschart, jamais Gessart ou Gissart [2]. — Enfin, on a vu que, dans un manuscrit ancien des Chroniques de Froissart, Denis Sauvage crut lire *Oringnois* [3], qui n'a pas de sens : il y avait certainement *Oringuois*. Cette présomption confirme la prononciation populaire, qui est celle de la tradition et qu'il convient de conserver.

Si Ringois ne vient pas de Rorgon ou Rogon, peut-être Rogon a-t-il pu, au xivᵉ siècle, venir de Ringois. Il est incontestable que le latin de cette époque était

---

(1) Du Cange, *ad verbum* : « Ms du xvᵉ siècle :... Haches portoient et ghisarmes. » — Voy. Roquefort, au mot *guisarme* ou *guissarme*, t. ı, p. 725.

(2) Cotron, fᵒˢ 32, 35, 42, 124, 136, 141 : Henricus de Gaissart, 1165 ; Henricus de Gaiscart, 1166 ; Hugo de Gaiscart, 1177 : « Balduinus de Guissart, seu de Gaichart, vel etiam de Gueschart, nobili genere ortus », 1312 ; Valterus de Guissart, 1357 ; Galterus de Gaissart, 1374. — *Layett. Ponth.*, J 235, nᵒ 30 ; « ... mon seigneur Jehan de Gayssart... Maillart de Gaissart, » 1275. — *Obit. S.-Vulfr.*, fᵒ 35 : Petrus de Gayssart. — *Obit. S.-Sep.*, fᵒ 37 : Petrus de Gaissart.

(3) Kervyn, t. x, p. 542.

singulièrement arbitraire ; un honnête chanoine de
Saint-Vulfran ayant à traduire, pour l'inscrire dans
l'obituaire latin de son église, le nom de Ringois et
n'en connaissant pas la source, a pu tomber dans la
méprise de Rumet et transformer Ringois en *Rogo*.
Un obituaire du XVe siècle [1], dans lequel sont mentionnés, entre autres, les obits de Jean de Broustelles
et de Marie Lenganeresse [2], sa femme, de Gui Lenganeres, de Mathilde Faffelline, de Théophanie le
Veresse [3], de messire Louis d'Abbeville, d'Adam de
Bouberch, de Firmin de Thovoyon, de messire Jean de
Dommart, de Pierre de Gayssart, de plusieurs comtes
de Ponthieu, de Girard ou Gérard d'Abbeville, archidiacre de Ponthieu, d'André, seigneur de Cambron, et
Marguerite des Quesnes, sa femme, etc., porte au 13
décembre cette mention :

« Obit d'Adam de Montreuil, vi sols. Item, obit de
Rogon, v sols [4] .»

Cet abbevillois que l'obituaire de Saint-Vulfran ne
désigne que par un prénom, comme s'il suffisait à le
désigner sans erreur ni conteste, ne serait-ce pas Ringois d'Abbeville, le martyr de qui la fin glorieuse est
vivante dans toutes les mémoires, et qui, dans sa ville
natale, dans la cité dont ses ancêtres lui ont transmis
le noble nom, n'a pas besoin qu'on le désigne plus
explicitement ? Je n'émets cette très-hasardeuse hypothèse qu'avec d'expresses réserves ; mais elle m'a

---

(1) B. N., ms lat. n° 10113, f° 43 v°, 13 déc.

(2) Lenganeur ou Lenganeres. Le nom des femmes prenait
le féminin.

(3) Le Ver.

(4) « Obitus Adam de Monsterolo vi s. Item obitus Rogonis
v s. Item Andree domini de Camberon, militis, etc. ».

séduit, et je n'ai pu résister au désir de la soumettre à mes lecteurs.

XX

Les auteurs varient sur l'époque de la mort de Ringois d'Abbeville. M. Tarnier indique la date de 1360 [1] ; M. Charles Louandre, 1362 [2] ; dom Grenier [3], M. le comte de Boubers-Abbeville, M. de Rosny, M. le marquis de Belleval, 1364 ; le Père Ignace paraît placer cette mort après que Nicole de Louvain eût pris possession du Ponthieu au nom du roi d'Angleterre, soit après le 12 août 1364 ; Sangnier d'Abrancourt, cité par M. Ernest Prarond [4], « quelque temps avant la reddition de la ville d'Abbeville au roi de France », soit avant le 29 avril 1369 ; l'historien De Vérité dit qu'en 1369 les Anglais, chassés de tout le Ponthieu, se retirèrent en Angleterre entraînant dans leur fuite un bourgeois d'Abbeville, nommé Ringois. Enfin Formentin veut que Rorgon ou Ringois, bourgeois d'Abbeville, fût déjà prisonnier en Angleterre lorsqu'Edouard III apprit que Hugues de Châtillon venait de reconquérir le Ponthieu. , Edouard « fit paraître pendant plusieurs jours une mélancolie noire, pendant laquelle il ordonna que tous les habitants du Ponthieu qu'il tenoit pri-

(1) *Plutarq. de l'arm. franç.*, p. 12.
(2) *Notice*, p. 14.
(3) *Mém. de la Soc. des Ant. de Pic.*, t. v.—Tirage à part, p. 24.
(4) *Hommes utiles*, p. 186-187.

sonniers lui prêteroient serment de fidélité comme à leur Roy, sinon qu'ils y seroient contraints par les tourments, etc. » — Ces prisonniers ne pouvaient être que des ôtages, ceux qui avaient été remis au roi d'Angleterre en exécution du traité de Brétigny. Il y a dans ces lignes de l'historien une indication qui n'est pas sans valeur et que je souligne pour y revenir.

Dom Grenier mentionne, à l'année 1367, un aveu servi par Gérard d'Abbeville pour la pairie de Bouberch et de Domvast [1]. Rumet le mentionne implicitement et en précise la date, « aux calendes de mars 1367 [2] », ce qui, en nouveau style, est le mois de mars 1368. Gérard d'Abbeville avait été longtemps ôtage en Angleterre pour le roi Jean [3] ; en 1366, sur la réquisition du Conseil du roi Charles V, Jean d'Abbeville-Bouberch, son fils aîné, lui avait été substitué comme ôtage [4].

L'hommage, résultant du changement du vassal ou du suzerain, ne se différait généralement pas, et, à peine remis en liberté, Gérard d'Abbeville dut certainement faire hommage à son nouveau seigneur, le roi Charles V, qui, pendant sa captivité, avait succédé au roi Jean ; le dénombrement des possessions seigneuriales, formalité essentielle, minutieuse, très-compliquée, était souvent différé jusqu'à ce que tous les vassaux eussent eux-mêmes servi au seigneur le dénombrement de leurs biens tenus de lui féodalement. Celui de la pairie de Bouberch et Domvast exigeait plus de deux cents grandes pages [5] ; son impor-

(1) T. cxv, f° 355.
(2) *Hist. Pic.*, f° 192.
(3) Trésor des Chartes, reg. 122, f°° 76 et 77.
(4) B. N. Ms franç. n° 23592, f° 66.
(5) A. N. R ¹ 19656.

tance explique le retard que Gérard d'Abbeville mit à
le servir, — retard qui n'avait rien de contraire aux
us féodaux. Chef de nom et d'armes d'une vieille et
puissante maison issue des anciens comtes de Ponthieu, Gérard d'Abbeville, considérant que Charles V
n'avait pas renoncé effectivement à la souveraineté du
Ponthieu, irrité, d'ailleurs, par les vexations et le déni
de justice des officiers d'Edouard III, considérant enfin
que la félonie de ce prince envers son suzerain rele-
vait implicitement, d'après la loi féodale, ses propres
vassaux de tout devoir envers lui, servit directement
au roi de France l'aveu et dénombrement de sa pairie
et seigneurie de Bouberch. Le roi d'Angleterre dut
être outré de cette action courageuse et patriotique,
qui constituait à ses yeux de la part d'un de ses grands
vassaux un véritable acte de rébellion et de forfaiture.
Il se dit qu'il fallait frapper un grand coup, pour faire
un exemple et forcer à la soumission les seigneurs
pontiviens qui persistaient à voir dans le roi de
France le suzerain du roi d'Angleterre, comte de Ponthieu, et il visa à la tête. Ne pouvant peut-être s'emparer de Gérard d'Abbeville, ses gens saisirent un de
ses proches, Ringois d'Abbeville, l'entraînèrent à
Douvres et, sur son refus de se parjurer en reniant sa
patrie et son roi, après une détention pleine d'obsessions et de tortures au moins morales, ils le précipitèrent dans la mer du haut des dunes de Douvres.
Et, qui sait ? le roi du ciel, plus humain que le roi
d'Angleterre, permit peut-être que ce corps de héros
et de martyr fût recueilli sur les flots, glorieuse épave,
par des marins d'Abbeville et rendu à la terre des
pères, à cette douce terre de France pour laquelle il
avait donné sa vie !

Cette procédure sommaire était de tradition envers les chevaliers français qui refusaient d'abjurer leur patrie et de prêter des lèvres, au roi d'Angleterre, un serment qui n'était pas dans leur cœur. Henri II toutefois n'avait pas poussé le despotisme jusqu'à la cruauté d'Edouard III : le sire du Reclus, chevalier poitevin, étant tombé entre les mains d'Henri, ce prince le fit plonger dans un cachot où tous les moyens de séduction furent mis en œuvre pour l'engager à changer de cause : mais le fidèle chevalier résista noblement aux sévices comme aux promesses les plus brillantes, se contentant de jeter à ses geôliers tentateurs cette fière parole que ses descendants ont gardée pour devise : *Etiam inclusus, semper Reclusus* [1] ! L'histoire ne dit pas qu'Henri II ait étouffé cette patriotique protestation dans un honteux supplice.

M. Charles Louandre s'est demandé « quel profit le maître tout-puissant de l'Angleterre et d'une partie de la France pouvait retirer du supplice d'un obscur bourgeois. » Il explique le crime d'Edouard par « l'odieuse satisfaction du despotisme qui se venge de ceux qui osent lui résister. » Il trace ensuite un tableau saisissant de la cruauté traditionnelle, héréditaire des monarques anglais, et singulièrement d'Edouard III, qui « n'était pas homme à reculer devant le meurtre d'un malheureux bourgeois que le traité de Brétigny avait fait son sujet et qui refusait fièrement de le reconnaître. En sacrifiant Ringois, il se montrait fidèle à lui-même, et il apprenait à ses

____

[1] Borel d'Haut., t. v, p. 246. — Cette noble réponse, qui joue sur le nom du sire du Reclus, peut se traduire ainsi : « Encore que prisonnier, toujours français ! »

successeurs comment ils devaient traiter Jeanne d'Arc [1]. »

Il est incontestable que la politique anglaise ne s'arrêtait pas devant les plus implacables rigueurs, et qu'elle ne fut jamais clémente que par calcul. Mais ici le calcul eût précisément détourné le roi d'Angleterre d'une mesure aussi révoltante qu'inutile, si elle n'eût atteint qu' « un obscur bourgeois ». Qu'importait, en effet, au maître tout-puissant de l'Angleterre et d'une partie de la France l'attitude d'un obscur citoyen d'Abbeville ? Les villes du comté de Ponthieu avaient par la voie hiérarchique, par l'organe de leurs magistrats, prêté serment de fidélité à Edouard : voilà ce qui lui importait. Le maïeur et les échevins d'Abbeville, réservant leur légitime revendication pour l'heure propice, s'étaient même soumis à la suppression du ressort souverain de justice au roi de France, et nous avons vu qu'en 1369, huit jours avant de perdre le Ponthieu, le monarque anglais donnait à la loyauté des bourgeois d'Abbeville un véritable satisfecit sous forme de nouveaux privilèges. Si quelque habitant d'Abbeville se fût livré à des démonstrations hostiles au roi d'Angleterre, le sénéchal de Ponthieu, — à défaut du maïeur lui-même, lié par son serment, contraint par sa fonction, — en eût fait sur place prompte et sommaire justice.

Loin de prêter serment à Edouard, le plus grand nombre des possesseurs de fiefs affectaient, au contraire, de tenir toujours le roi de France pour leur légitime et même pour leur unique souverain ; quelques-uns seulement, dit la cédule de Charles V,

(1) *Notice*, p. 9-10.

l'avaient prêté « par doubtance », c'est-à-dire parce qu'ils doutaient s'ils ne devaient pas effectivement le serment-lige à Edouard en suite du traité de Brétigny. Frappant un membre de la famille féodale la plus relevée du comté de Ponthieu, le mobile de la rigueur impitoyable d'Edouard se dévoile clairement: son intérêt la lui commandait: elle avait pour but de terroriser la fidélité, de désarmer la résistance, de broyer l'insoumission; c'était un argument péremptoire et pratique, l'*ultima ratio* d'un despote avisé qui, suivant un exemple fameux, fauchait dans les hauteurs. Comprenant toutefois qu'une brusque et excessive sévérité pouvait avoir un effet contraire à ses vues, il affecta d'abord une clémence relative: par tactique, il essaya de la séduction: Ringois, « longuement prisonnier détenu », fut en butte, comme l'avait été le sire du Reclus, à d'incessantes obsessions, mélangées de menaces terribles et de brillantes promesses. S'il eût fléchi, son exemple eût certainement entraîné beaucoup d'autres possesseurs de fiefs, et c'est là ce qu'espérait, ce que complotait son geôlier. Lorsqu'Edouard se sentit vaincu par la grandeur d'âme de son prisonnier, il recourut logiquement au bourreau. Le supplice de Ringois fut ainsi un calcul de la politique anglaise en même temps qu'une vengeance du conquérant heurté de front par le sire de Bouberch, du despote humilié par la virile constance de Ringois d'Abbeville.

Mais, dira-t-on peut-être, si Ringois eut été de la maison d'Abbeville, les Anglais, vindicatifs et ravageurs, s'en seraient-ils tenus à l'incarcération et à l'exécution de Ringois, et, ne pouvant s'emparer du sire de Bouberch, n'auraient-ils pas mis à sac ces possessions dont il avait eu la noble hardiesse de rendre hommage au roi de France ? L'objection est victorieusement résolue par les lettres de rémission octroyées en 1383 par Charles VI au même Gérard d'Abbeville, lettres dans lesquelles sont reproduits succinctement les titres qu'il avait invoqués pour obtenir sa grâce :

« ... Le dit chevalier qui est très anciens et lequel *et tous ses parents* et amis ont servy *es temps passez bien et loialment* noz predecesscurs et nous ou fait des guerres et contre les ennemis de nostre royaume... Comme il ait esté par les dites guerres et ennemis si avant et en tant de manières grevez et dommagiez, tant en avoir esté par grant espace de temps prisonnier en Angleterre pour feu bonne mémoire le Roy Jehan nostre ayeul que Dieu absoille, *comme en ses maisons et villes qui ont esté arses* [1] *et démolies, et ses hommes et subgiez gastez et deserviz*..... Pour quoy, nous, ces choses considérées, et aussi pour contemplation [2] d'aucuns de ses amis de nostre court et conseil et autres qui sur ce nous ont fait requeste, etc. »

Ainsi, d'un document irrécusable de l'an 1383, il conste que « es temps passez » les Anglais brûlèrent les maisons et villes de Gérard IV d'Abbeville, sire de Bouberch, et saccagèrent les biens et récoltes de ses vassaux. Quant aux amis qu'il avait à la cour du roi de France et « pour contemplation » desquels Charles VI accorda la rémission sollicitée, il en est jusqu'à deux que l'on peut nommer presqu'à coup sûr :

(1) Brûlées.
(2) Ayant égard à la recommandation...

d'abord, Hugues de Châtillon, alors grand maître des arbalétriers de France [1], qui avait été gouverneur d'Abbeville en 1369, peu de temps après le supplice de Ringois, et qui, ayant épousé en 1362 Agnès de Séchelles [2], veuve de Jean de Poix, était le beau-père de Pierre de Poix, deuxième époux de Jeanne de Beaumont, veuve de Jean d'Abbeville-Bouberch, et par conséquent belle-fille de Gérard IV d'Abbeville ; — ensuite Raoul, sire de Rayneval, grand pannetier [3] du roi Charles VI et chef d'une illustre maison de la Picardie à laquelle on a vu que les Boubers étaient apparentés.

Ce serait donc après l'aveu servi au roi de France par Gérard, sire de Boubers, en mars 1368, que Ringois d'Abbeville aurait été saisi par les Anglais ; la cédule de Charles V, du mois de mai 1369, porte qu'il fut « longuement prisonnier détenu » avant d'être précipité dans les flots : c'est donc à la fin de 1368 ou au commencement de 1369 que périt le « Régulus du Ponthieu » : et ici je suis poursuivi par la pensée que le *Rogo*, dont les chanoines de Saint-Vulfran célébraient l'obit le 13 décembre, est notre héros lui-même. Ce serait donc, si l'hypothèse pouvait être admise, le 13 décembre 1368 qu'aurait été consommé le martyre patriotique de Ringois. Ses amis, dit Charles VI, s'efforcèrent, mais vainement, d'obtenir sa liberté par les voies de droit ; d'autre part, nous savons que Gérard, chef de la maison d'Abbeville, et Jean, chef de la branche d'Ivregny, formèrent conjoin-

---

(1) Mort en 1396. — *Tablettes*, t. iii, p. 151.

(2) Le P. Anselme, t. vii, p. 824. — Du Chesne, *Chastillon*, p. 382.

(3) De 1358 à 1396. *Tablettes*, t. iii, p. 184.

tement une plainte, qui ne dut être portée au roi de
France que lorsque la criminelle exécution se fut
accomplie ; car, en la portant plus tôt, ils n'eussent
fait qu'exaspérer le roi d'Angleterre et précipiter le
funeste dénouement. Je répète qu'il est très-vraisem-
blable que cette plainte fut apportée ou renouvelée
aux Etats Généraux du mois de mai 1369 par les députés de la noblesse et des villes du Ponthieu, et très-
probablement par Gérard d'Abbeville et Jean de
Bouberch-Ivregny eux-mêmes ; — de là, l'insertion du
paragraphe relatif à Ringois dans la réponse du roi de
France au roi d'Angleterre, réponse qui avait été mise
en délibéré dans l'assemblée des Etats et avait reçu
leur approbation.

Edouard répliqua à la cédule de Charles V par un
manifeste élaboré en parlement, et dans lequel il
s'efforça de réfuter les griefs allégués par le roi de
France ; il ne dit rien de Ringois d'Abbeville, et les
historiens anglais, qui tiennent Edouard III pour un
de leurs plus grands rois, imitent sur ce point son
silence prudent. Pense-t-on que, si cette déshonorante
imputation n'eût été fondée, le roi d'Angleterre ne
l'eût pas réduite à néant par un formel et solennel
démenti ? Pense-t-on que Joshua Barnes, par
exemple, qui, dans son *History of Edward III* [1],
discute les arguments invoqués par Charles V, n'eût
pas repoussé avec indignation l'accusation, si la mort
de Ringois eût été une allégation controuvée ? Froissart, le chroniqueur anglophile, le dévot de la reine
Philippa, n'eût-il pas protesté contre la calomnie ? Au
contraire, il se tait absolument sur ce reproche si

[1] P. 748-758.

grave : il affecte même de ne point parler du Ponthieu ; à l'année 1369, il pousse la philosophie du courtisan jusqu'à dire : « Or nous tairons et souffrirons à parler des besognes de Picardie. » Et c'est tout. — Bien plus, dans sa première rédaction, il avait rendu hommage à la bravoure de Gérard d'Abbeville, sire de Bouberch, qui, en 1346, l'avant-veille de la bataille de Crécy, à la tête d'une poignée d'hommes, avait attaqué l'armée d'Edouard : « Et avoient pour capittaine un bon chevalier banerech, le seigneur de Bouberch, hardi homme durement..... Et y fu li sires de Bouberch très bons chevaliers, bien assaillans et deffendans, et fu pris et prisonnier à Monseigneur Jehan Camdos [1]. »

Pourquoi donc le chroniqueur anglais supprima-t-il, dans ses rédactions suivantes, tout ce passage, glorieux en somme pour les armes anglaises, puisqu'elles avaient eu la victoire, chèrement achetée, mais enfin la victoire ? Le silence ultérieur de Froissart est une éloquente révélation ; il effaça de sa chronique le nom du hardi sire de Bouberch, parceque ce nom rappelait un forfait d'Edouard III, son maître : le supplice, infamant seulement pour le royal bourreau, de l'héroïque Ringois d'Abbeville-Bouberch.

Vouloir que Froissart n'ait pas relaté la mort de Ringois parce que « la société chevaleresque est à peu près la seule qui l'occupe », parcequ' « il tient les vilains en médiocre estime », et parceque « ce n'est pas dans leurs rangs qu'il choisit ses exemples [2] », ce serait ne pas tenir compte de l'hommage sympathique

<hr>

(1) Kervyn, t. v, p. 9 et 10. — Luce, *Froissart*, t. iii, p. 392.
(2) Ch. Louandre, *Notice*, p. 11.

rendu par le chroniqueur à la vaillance d'un bourgeois
d'Abbeville contemporain de Ringois : « A celle empainte (1369) fut là occis un moult faitis [1] bourgois
d'Abbeville qui s'appeloit Laurent Dautils, dont ce fut
grant dommage [2]. »

La fin magnanime de Ringois d'Abbeville est donc
un fait historique incontestable, le scepticisme bat à
tout jamais en retraite, et le peuple de Ponthieu glo-
rifiera dorénavant, sans l'ombre d'un doute possible,
celui de ses ancêtres qui fit héroïquement le sacrifice
de sa vie plutôt que le sacrifice de sa patrie et de sa
loyauté. S'il fallait récuser, annuler des témoignages
aussi nombreux, aussi anciens, aussi désintéressés, il
n'y aurait plus, je ne dis pas d'histoire généalogique,
mais d'histoire nationale.

XXI

Une dernière question s'impose à notre examen :
qui était Ringois d'Abbeville ?

Il appartenait indubitablement à la branche aînée
de la maison de Bouberch ; car seule elle avait conservé
le nom d'Abbeville, qui ne reparut qu'au xvᵉ siècle
dans la branche d'Ivregny, et plus tard encore dans
celle de Tunc-Bernâtre.

(1) Vaillant.
(2) BUCHON, t. I, p. 598. — KERVYN, t. VII, p. 442.

Le champ des recherches est donc limité aux fils de Gérard IV : Jean et Jacques d'Abbeville.

Jacques d'Abbeville-Boubers vivait encore en 1376 qu'il est mentionné dans un compte du domaine de Ponthieu de la dite année [1].

Reste Jean d'Abbeville, fils aîné de Gérard IV.

Je vais exposer les raisons qui me portent à déduire que Ringois était en effet Jean d'Abbeville, héritier présomptif de la sirerie et pairie de Bouberch et Domvast.

Pour expliquer, d'abord, que Jean d'Abbeville-Bouberch ait adopté un surnom, il suffira d'invoquer, outre la coutume chevaleresque, la nécessité pour lui de se distinguer de ses homonymes. Il avait en effet pour contemporains Jean de Bouberch-Ivregny, — Jean de Bouberch-Tunc, vicomte de Bernâtre, — Jean de Bouberch, fils aîné du précédent, — tous plus âgés que lui.

Dom Grenier fait de Ringois d'Abbeville le père d'un Gérard d'Abbeville [2]. Or Jean d'Abbeville, marié en 1356 à Jeanne de Beaumont, n'eut qu'un fils de cette union et ce fils s'appelait en effet Gérard.

J'ai accumulé les recherches pour arriver à découvrir la date précise du second mariage de Jeanne de Beaumont avec Pierre Tyrel de Poix, dit le Baudran. En vain j'ai compulsé les dossiers des maisons de Poix et de Beaumont, fouillé les recueils généalogiques, recouru aux archives de la Somme, aux archives du Pas-de-Calais, aux collections de la Bibliothèque royale de Belgique et de la Bibliothèque municipale de Va-

(1) BOREL D'HAUT., t. XXIII, p. 236.
(2) T. LIX, f° 40 ; t. LXXXIII, p. 3 et 4.

lenciennes, sollicité le secours des plus éminents héraldistes et en première ligne de M. Borel d'Haute-rive, le savant paléographe pour qui la science est synonyme d'obligeance. Le seul renseignement que j'aie recueilli, c'est qu'en 1382 Jeanne de Beaumont, remariée à Pierre de Poix, était en procès avec Gérard de Bouberch, fils de son premier mari. Mais ce rensei-gnement suffit pour établir que Jeanne fut veuve d'assez bonne heure, puisqu'elle put être la première femme de Pierre de Poix, remarié ensuite à Emme-lotte de Montbertaut et vivant encore en 1435. Jeanne le Bouteiller de Senlis, mère de Jeanne de Beaumont, était veuve de Pierre ou Louis de Machaut en 1339 ; en supposant qu'elle se soit remariée cette même année avec Louis ou Nicolas de Beaumont et que Jeanne, comme il est présumable, ait été leur fille aînée, celle-ci n'avait donc pas seize ans lorsqu'elle devint la femme de Jean-d'Abbeville-Bouberch ; elle avait vingt-huit ou vingt-neuf ans lorsque mourut Ringois [1].

Le 7 décembre 1373, Louis d'Abbeville, écuyer, relève la terre du Gaule de Beaumetz ; ce qui implique que Jean d'Abbeville, qui en était seigneur en 1356, avait cessé de vivre. Ce fief, à sa mort, avait probable-ment fait retour au sire de Bouberch, son père, qui ultérieurement en gratifia Louis, son petit-fils [2]. Nous voilà ainsi bien près du temps où périt Ringois.

En 1366, Jean d'Abbeville, vivait encore, puisqu'il fut substitué à Gérard, son père, comme ôtage pour le roi de France en Angleterre : « Pour le sire de Bom-berch, monseigneur Jehan son fils aisné [3]. » Je pré-

(1) Le P. ANSELME, t. VI, p. 265 ; t. VII, p. 824 ; t. VIII, p. 312.
(2) CAFFIAUX, *Trésor*, p. 6.
(3) *Lettr. et traités*, f° 66.

sume que Jean ne fut pas longtemps en captivité et qu'il fut compris au nombre des vingt ôtages nobles retirés, en 1367 ou 1368, par Charles V. Nous savons, en effet, par le traité de Brétigny, que quarante ôtages nobles avaient été remis à la Noël 1360, par le roi Jean à Edouard III, et, par la cédule de 1369, qu'il n'en restait plus en Angleterre que la moitié. Jean d'Abbeville dut regagner le Ponthieu, le cœur ulcéré de rancune contre ses geôliers ; il avait vu son roi prisonnier, son père captif et persécuté, sa patrie démembrée ; lui-même il avait reçu l'humiliation de la captivité ; il voyait l'Anglais fouler en conquérant la noble terre de Ponthieu ; son vieux sang se révolta ; il était prêt pour la résistance, mûr pour le sacrifice. Lors de son mariage, il était apanagé d'une part du domaine de Bouberch et de la seigneurie du Gaule de Beaumetz en Artois [1]. Pour ses possessions sises dans le Ponthieu, il devait l'hommage simple au roi d'Angleterre, comte de Ponthieu : peut-être le lui rendit-il : mais quand Edouard exigea l'hommage-lige, à l'exemple de Gérard d'Abbeville Ringois d'Abbeville refusa de s'y soumettre, l'ayant déjà rendu au roi de France, son souverain légitime, et ne voulant point condescendre au parjure. La cédule de Charles V est formelle ; il ne s'agit pas d'un bourgeois, mais d'un noble fieffé :

« Item, que ledit roy d'Angleterre, lesdis gouverneur et trésorier ont requis et fait requerre a plusieurs nobles et [2] subgiés dudit Pontieu qu'ils feissent seremens d'estre avec le roi d'Angleterre contre toutes personnes qui pevent vivre et mourir, le roy de France

---

(1) Rens. comm. par M. le Cte de Galametz.
(2) On a vu que des textes portent : « a pluseurs subgiez nobles ». B. N. Ms fr. n° 4984, f° 195.

ou autres. Et y en a plusieurs qui lont fait ainsi par doubtance, si comme l'en dit, et à ceux qui ne le voulurent faire *on saisissoit leurs terres et leurs fiefs,* et tient on communelment que Ringois d'Abbeville a esté mort pour ce qu'il ne voult faire le dit serement contre le roy de France.... [1] » Ainsi il s'agit de nobles, sujets du Ponthieu, possesseurs de fiefs, et le nom de Ringois d'Abbeville, membre de la première maison du comté, arrive tout naturellement à la suite de cette mention : « on saïsissoit leurs terres et leurs fiefs. »

Forméntin dit que Ringois était ôtage en Angleterre; l'assertion est contredite par ces mots de Charles V : « .... et fut mené en Angleterre.... » L'historien avait probablement eu sous les yeux quelque document portant que Ringois avait été ôtage pour le roi de France à Londres, et il arrangea son récit en conséquence. Or, nous venons de voir que Jean d'Abbeville fut ôtage en Angleterre après son père.

Dans la supplique que Gérard d'Abbeville, père de Jean, adressa en 1383 au roi Charles VI pour obtenir rémission, en invoquant ses titres à cette faveur, il ne dut pas manquer de relater la mort glorieuse de son fils ; les lettres de rémission résument la supplique, et je vois une allusion à Ringois d'Abbeville dans cette phrase : « ... Ledit chevalier qui est très anciens [2] et lequel *et tous ses parents* et amis ont servy *es temps passez* bien et *loialment* noz predecesseurs... »

Une tradition vague veut que Ringois d'Abbeville fût de l'Artois. C'est très-probablement une allusion à l'origine du nom de Boubereh. En outre, Jean d'Abbe-

---

(1) P. Paris, t. vi, p. 291.

(2) Très âgé. — Gérard d'Abbeville en 1383 avait environ soixante-quinze ans.

ville-Bouberch, fils aîné de Gérard, était seigneur de l'importante seigneurie du Gaule d'Arras, appelé communément depuis le xiii° siècle le Gaule de Beaumetz. mais cependant désigné encore sur la fin du xiv° siècle sous le nom du « Gaure d'Arras » dans un dénombrement [1] servi par Louis d'Abbeville, sire de Bouberch. neveu de Jean et héritier de tous les biens de sa maison. Jean d'Abbeville était donc un des principaux seigneurs du comté d'Artois.

On pourrait s'étonner de ce que le héros, appelé « Ringois d'Abbeville » en 1369 par Charles V, eût été désigné par ce même prince en 1336 sous le nom de « Jean de Bouberch », et en inférer que Ringois d'Abbeville et Jean de Bouberch furent deux personnes distinctes. Mais il ne faut pas oublier que les membres de la branche aînée de cette maison sont appelés tantôt d'Abbeville, tantôt de Bouberch, et que, dans les actes, le prénom ou le surnom s'employait indifféremment : le père de Jean est nommé et se nomme lui-même soit Gérard d'Abbeville, soit Gérard de Bouberch ; Jean, petit-fils de Gérard et neveu du dit Jean, est appelé indifféremment dans les titres Jean d'Abbeville ou Jean de Bouberch, et Baudouin, dit Gadifer, est désigné indifféremment par son prénom, Baudouin de Bouberch, ou par son surnom Gadifer de Bouberch.

La suppression, opérée par Froissart dans sa seconde rédaction. du passage relatif à Gérard, le hardi sire de Bouberch, devient d'autant mieux compréhensible. d'autant plus éloquente, d'autant plus probante, si l'on admet que Ringois fût son fils. Le chroniqueur courtisan raya de son histoire le nom du vaillant che-

---

[1] A. N. P 136, f° 105.

valier qui avait donné fièrement à son fils l'exemple
de l'attachement inviolable à la France, du père infortuné pour qui le despotisme d'Edouard avait raffiné la
cruauté en le frappant à mort dans la personne de
l'aîné de ses fils.

La plainte élévée par Gérard d'Abbeville, conjoin-
tement avec Jean de Boubereh-Ivregny, n'était donc
pas seulement celle d'un vassal menacé dans son droit
et dans sa vie même par un despote cruel, d'un français menacé dans sa nationalité, mais encore et surtout celle d'un chef de famille, d'un père, plus rigoureusement puni par le calcul, par la rancune, par la
vengeance du monarque anglais que s'ils l'eussent
atteint lui-même.

Ringois était digne de prendre rang dans cette pha-
lange de preux dont le premier imprimeur abbevillois
glorifiait, en 1487, les gestes héroïques [1] ; aucune histoire de France ne pourra désormais laisser dans
l'ombre ingrate de l'oubli cette grande figure d'ancêtre, couronnée de la triple auréole de la fidélité, du
patriotisme et du martyre ; et c'est elle, peut-être,
qu'exaltait déjà un historien du xive ou du xve siècle
dans ce manuscrit légué, en 1415, à Robert Newton
par Henri le Scrop, époux de Jeanne, duchesse
d'Evreux, et qui avait pour titre : *Jean d'Abbeville* [2].

---

(1) *Le triomphe des neuf preux*. Abbeville, Pierre Gérard,
1487, in-4°.

(2) RYMER, t. IX, p. 278 : « Item lego domino Roberto Neuton
unum librum vocatum *Johannes de Abbatisvilla*. »

XXII

Le dimanche 11 juin 1876, Harfleur était en fête : une foule immense, accourue de tous les points de l'arrondissement du Hàvre, remplissait les rues pavoisées : on inaugurait la statue de Jean de Grouchy, sire de Monterollier, qui en 1435 chassa les Anglais et fut le libérateur de la ville.

Le soleil s'était mis de la fête patriotique. Au joyeux bourdonnement des cloches, aux éclats des fanfares, au grondement solennel des salves d'artillerie, aux acclamations d'un peuple enthousiaste, un brillant cortège, entre deux haies de sapeurs-pompiers et de soldats, traverse la ville ruisselante de bannières, de fleurs et de rayons, pour se rendre d'abord à l'église, afin d'offrir des actions de grâces au Dieu des armées, à Celui qui juge les justices, à Celui qui donne aux nations la victoire et la liberté, — ensuite sur la place où se dresse la statue triomphale d'un guerrier du xve siècle brandissant sa formidable épée.

Au premier rang du cortège officiel, à la droite de l'honorable maire d'Harfleur, marche M. le marquis de Grouchy, descendant du héros, capitaine d'état-major, invité par la municipalité, au nom de la ville, à assister à la glorification de son valeureux ancêtre.

Sur chacune des faces du piédestal, on a gravé une inscription rappelant les faits mémorables dont le monument doit perpétuer le patriotique souvenir.

Du côté de l'ouest, on lit :

« En ce mesme temps, les communs de Caux [1]
« surent comment les François avoient pris Dieppe :
« si firent savoir aucuns notables hommes du dit pays
« au mareschal de Rieux qu'il assemblast gens d'armes
« de son costé, et que eux et grande partie dudit
« commun, à un jour qui seroit dit, se trouveroient
« tous ensemble, et ainsy le feirent. Lors se mist au
« champ ledit mareschal et ses gens de guerre, avec
« Poton de Xainctrailles, Gaultier de Brassac et le sire
« de Monterollier, lequel fut mort à l'assault de Hare-
« fleur, et furent les communs avec eux. »

« Récit de Gilles Couvier, dit Derry, hérault du Roi
« Charles VII, témoin oculaire. »

Au sud, se trouve cette inscription :

« 1876. — Les habitants d'Harfleur aux cent quatre
« libérateurs de la ville. »

A l'est :

« Erigé par souscription avec le concours de l'Etat
« et du département, M. Lhote jeune étant maire
« d'Harfleur. — 11 juin 1876. »

Au nord, du côté de la façade, sous un écusson parti
d'Harfleur et de Grouchy :

« A JEAN DE GROUCHY, sire de Monterollier, surnom-
« mé le Père des Cauchois, tué à l'assaut lors de la
« reprise d'Harfleur en MCCCCXXXV. »

En lisant dans les feuilles normandes le récit de
l'inauguration de la statue du héros d'Harfleur, je ne
pus m'empêcher de penser à Ringois d'Abbeville, et,

(1) Les communes du pays de Caux.

par une illusion que l'avenir ne démentira pas, il me
sembla que j'étais tout à coup transporté dans la cité
fidèle [1]. Le vieux beffroi communal avait retrouvé sa
voix fière, dont les vibrations se mariaient au bourdonnement allègre des cloches de Saint-Vulfran, du
Saint-Sépulcre, de Saint-Gilles et de Saint-Jacques, au
grondement solennel des salves d'artillerie, aux ac-
cords joyeux des fanfares et des sociétés d'harmonie,
aux acclamations d'une multitude enthousiaste, accourue de tous les points du Ponthieu.

Entre deux haies de sapeurs-pompiers et de soldats,
un brillant cortège traversait les rues splendidement
pavoisées pour se rendre d'abord à la merveilleuse
basilique de Saint-Vulfran, afin d'offrir des actions de
grâces au Dieu de victoire et de liberté, puis sur la
place où se dressait la statue d'un guerrier du XIVe
siècle, dans l'attitude fière et résignée de l'homme
héroïque qui répond à l'ennemi, à des geôliers, à des
bourreaux, qu'il préfère la mort au déshonneur et qu'il
aime plus sa patrie que sa vie.

Sur chacune des faces du piédestal, on avait gravé
une inscription rappelant les faits mémorables dont
le monument devait perpétuer le patriotique souvenir.

D'un côté se lisait :

« Le dit roy d'Angleterre, les dis gouverneur et tré-
« sorier ont requis et fait requérir a pluseurs nobles
« et subgiés du dit Pontieu qu'ils feissent seremens
« d'estre avec le roy d'Angleterre contre toutes per-

____

(1) La ville d'Abbeville a pour devise : *Fidelis*. La maison
d'Abbeville : *Fidelior in adversis*, devise tout-à-fait digne des
descendants de Ringois.

« sonnes qui pevent vivre et mourir, le roy de France
« ou autre. Et en y a pluseurs qui l'ont fait ainsi par
« doubtance, si comme l'en dit, et à ceux qui ne le
« vouloient faire on saisissoit leurs terres et fiefs, et
« tient on communément que Ringois d'Abbeville a
« esté mort pour ce qu'il ne vouloit faire ledit sere-
« ment contre le roy de France, et fu mené en Angle-
« terre, et après ce qu'il a esté longuement prisonnier
« détenu, sans lui vouloir ouvrir voye de droit ne à
« ses amis qui le poursuivoient, on l'a fait saillir des-
« sus les dunes du chastel de Douvre en la mer.

> « *Lettres de Charles V*, *roi de France*, *à Edouard III*,
> *roi d'Angleterre.* — Mai 1369. »

D'un autre côté :

« Les habitants d'Abbeville à leurs ancètres Colart
« le Ver, Firmin de Thouvoyon, Pierre Lenganeur,
« Laurent Danène, Marant, Mestriel. »

Sur la troisième face :

« Erigé par souscription avec le concours de l'Etat
« et du département, M........ étant maire d'Abbeville.
« — 29 avril 188..., anniversaire de la délivrance
« d'Abbeville. »

Du côté de la façade, sous un écusson parti des
armes de la ville et de celles des Abbeville-Boubers :

A RINGOIS D'ABBEVILLE

MARTYR DE LA PATRIE

N'était-ce bien qu'une illusion ? Non, il ne se peut
pas que les élus d'Abbeville, que les successeurs des le
Ver, des Thouvoyon, des Lenganeur, que les descendants des vaillants volontaires de 1214, de 1346, de

1369, se refusent à exalter par un hommage public
l'honneur, la fidélité, le courage héroïque, l'amour de
« la doulce France », — comme disaient leurs pères !
Au xiv⁰ siècle ainsi que de nos jours des dissentiments
divisaient la famille communale, mais les Abbevillois
faisaient trève aux discordes intestines et se retrou-
vaient unis d'un même cœur pour faire face à l'ennemi
national, pour faire acte de patriotisme. Un jour
viendra, — et peut-être n'est-il pas éloigné, — où
l'héritier des anciens maïeurs voudra dire aux successeurs des échevins et des jurés d'Abbeville :

« Le culte des morts est consolant et vivifiant ; c'est
une fleur de l'âme humaine, fleur de souvenir et d'espérance : combien surtout nous devons honorer la
mémoire de ceux des ancêtres qui, traçant dans notre
histoire un grand sillon de lumière, léguèrent à leurs
descendants, avec une gloire pure, de féconds ensei-
gnements , d'impérissables exemples ! Lorsqu'il
s'adresse à des héros, le culte des morts est deux fois
saint. La mémoire du peuple, a dit M. Ernest Prarond,
doit savoir punir et récompenser [1]. C'est par de solennelles glorifications qu'il convient de rémunérer
la loyauté, le devoir, le sacrifice. « L'exemple des ré-
compenses, écrivait Théodoric au Sénat Romain, est
un aliment pour la vertu, et il n'est personne qui ne
cherche à parvenir à la perfection morale, s'il voit
qu'aucun de ceux qu'il a loués dans sa conscience
n'est privé de distinctions publiques [2]. » — « Ringois,

---

(1) *Rues d'Abb.*, p. 285.

(2) CASSIODORE, *Variar.*, l. II, 16 : « Nutriunt enim præmiorum
exempla virtutes : nec quisquam est qui non ad morum summa
nitatur ascendere, quando irremuneratum non linquitur quod
conscienciâ teste laudatur. »

a dit M. Charles Louandre [1], Ringois nous appartient comme Eustache de Saint-Pierre appartient à Calais, comme Jeanne d'Arc appartient à Domremy, et, aujourd'hui qu'une patriotique initiative vous fait appel, vous saurez y répondre. Un monument simple et digne nous rendra toujours présente la mémoire de l'héroïque enfant d'Abbeville. On y inscrira, pour lui faire cortège, les noms de Colart Le Ver, de Firmin de Thouvoyon, de Pierre Lenganeur, de Laurent Danène, ces braves magistrats municipaux du xive siècle, qu'il est du devoir de tous de venger de l'oubli, car ils ont tenu l'Anglais à distance de leurs murailles, et plus d'une fois ils ont fait reculer la bannière royale des Edouard devant les bannières populaires de nos corporations. On y inscrira les noms des intrépides marins Marant et Mestriel, et ces noms salués par la reconnaissance publique attesteront que les enfants de notre antique commune ont jeté comme un éclair de gloire sur l'une des périodes les plus sombres de nos annales. Nous vivons dans un temps où le courage même a besoin de grands exemples. Faisons donc acte de foi et d'hommage aux vaillants des anciens jours, aux martyrs du devoir. Nous apprendrons par là, à ceux qui nous suivront sur cette terre, qu'il faut, comme Ringois, compter la vie pour peu de chose, quand il s'agit de l'honneur et de cette mère commune qu'on appelle la patrie. »

Et le jour où l'assemblée municipale entendra ce noble langage, cet appel éloquent au patriotisme, — ce serait lui faire injure que d'en douter, — la cité fidèle ne sera pas loin de pouvoir s'écrier avec le grand

(1) *Notice*, p. 21-22.

poète qui glorifia si magnifiquement la passion du beau, la reconnaissance, la fidélité, le culte de l'honneur, l'amour de la patrie :

Exegi monumentum !

TABLE

DES AUTEURS ET DES OUVRAGES CITÉS

A

Æschacius. *Rationis et adpetitus pugna, hoc est de amore Edoardi III, regis Angliæ, et Elipsiæ comitissæ Salbericensis.* 1612, in-12.

Anselme (P. de Guibours dit le Père). *Hist. généal. de la maison de France et des grands off. de la Couronne.* Paris, 1726-1739, 9 vol. in-f°.

Arrière-ban de 1337. A la suite de l'abrégé de la *Chronique* de Nic. Rumet, ms. app. à M. Aug. de Caïeu.

Avesbury (Robert de), *Hist. de mirabil. gestis Edwardi III.* Oxford, 1720, in-8°.

B

Baker de Swimbroke (le). Voyez **Giles** (J. A.).

Barnes (Joshua). *Hist. of Edward III.* Cambridge, 1688, in-f°.

Beauvillé (de). *Docum. inédits concern. la Pic. et l'Artois.* Paris, 1860, 3 vol. in-4°.

Belleforest (Fr. de). *Les grandes Annales et Hist. générale de France.* Paris, 1579, 2 vol. in-f°.

Belleval (le marquis René de). *Trésor généal. de la Pic.* T. I, 1859, in-4°; t. II, 1860, in-8°.

— *Nobil. du Ponthieu*, 1ʳᵉ éd., 1861, 2 vol. in-8°; 2ᵉ éd., 1869, in-4°.

— *Rôle des nobles et fieffés du bailliage d'Amiens convoqués pour la guerre le 25 août 1337*. Amiens, 1862, in-12.

— *Lettres sur le Ponthieu*, 1873, in-12.

Belloy (Cl. de). *Généal. de la maison de Belloy*. Paris, 1747, in-4°.

Beugnot (le comte). *Rec. des hist. des Croisades*. Paris, 1841, 4 vol. in-f°.

Borel (Pierre). *Trésor des recherches et antiq. gauloises*. 1655, in-4°.

— *Dict. des termes du vieux français*. Paris, 1750, in-f°.

Borel d'Hauterive, *Annuaire de la Noblesse*. Paris, 1843-1879, 35 vol. in-12.

Roubers-Abbeville (le comte de). *Détails hist., généal. et hérald. sur Robert de Bouberch et sur la maison du même nom*. Dans le tome V des *Mém. de la Soc. des ant. de Pic.*, p. 55-82. — Tirage à part, Amiens, 1842, in-8°.

Bouquet (dom). *Rerum Gallic. et Francic. scriptores*. 20 vol. in-f°.

Bouquet (F.). *Recherch. hist. sur les sires et le chât. de Blainville*. Rouen, 1863, in-8°.

Bréquigny (de). *Table chronol. des diplômes, chartes, titres concernant l'hist. de France*. 8 vol. in-f°.

Bruzen de la Martinière. *Dict. géogr., hist. et critique*. Paris, 1768, 6 vol. in-f°.

Buchon. *Collection des Chroniques*. Paris, 1824 et ann. suiv., 15 vol. grand in-8°.

C

Cabinet des Titres. A la Bibl. nation., dép. des mss.

Caffiaux (dom). *Ms. généal. sur plusieurs maisons du Ponthieu*. Dans le t. LIX de la *Coll. de Picardie*.

— *Trésor généal*. Paris, 1777, in-4°.

Calonne (le baron Albéric de). *Hist. des abb. de Dommartin et de Saint-André-au-Bois.* Arras, 1875, in-8°.

Camden (Guill.). *Britannia.* Londres, 1610, in-f°.

— *Annal. rerum anglic.*, 1615-1625, 2 vol. in-f°. Trad. franç. par Belligent, 1627.

Cantu (César). *Hist. des Italiens.* Trad. franç. par Arm. Lacombe, 1859, 12 vol. in-8°.

Cardevacque (Ad. de). *Hist. de l'abb. d'Auchy-les-Moines.* Arras, 1875, in-8°

Carpentier (dom). *Suppl. au gloss. de Du Cange.* Bibl. nation., mss. fonds latin nouv. acquis., n° 2115.

Carte (Thomas). *Catal. des rolles gascons, norm. et franç. conservés à la tour de Londres.* Paris, 1743, 2 vol. in-f°.

Cartulaire de Saint-Acheul (extrait du). Dans le tome LX des mss. de Du Chesne.

Cartul. noir de Corbie. Bibl. nation., ms. lat. n° 17758.

Cartul. de Saint-Josse-sur-Mer. Bibl. nation., ms. lat. nouv. acq., n° 11926.

Cartul. du val de Buigny. Dom **Grenier,** t. 238, *Sub finem.*

Cartul. de l'abb. de Valoires. Aux archives de la Somme.

Casellas (Estavan). *La muy antigua y illustre casa de Bournonville.* Barcelone, 1680, in-f°.

Cassiodore. *Opera.* Genève, 1650, in-4°.

Catal. des gardes du scel et des auditeurs d'Abbeville depuis 1333. Dans la revue *La Picardie*, t. XII.

Cénalis (Robert). *Gallica historia.* Paris, 1557, in-f°.

Censier de Saint-Vulfran. Bibl. nation., mss. lat. nouv. acq., n° 1182.

Chapelle (Jean de la). *Chroniq. abrégée de Saint-Riquier.* Publ. par M. E. Prarond, 1856, in-8°.

Charron (Jacq. de). *Hist. univ. des Gaulois ou François.* Paris, 1621, in-f°.

Chartes de Ponthieu. Bibl. nation., mss. lat. nouv. acq., n° 2119.

Chérin, généalogiste du Roi. *Généal. de la maison d'Abbeville-Boubers.* Au Cab. des Titres, dossier d'Abb.-Boubers.

— *Tableau généalogique. Ibid.*

Chronique de Saint-Riquier. Voyez **Harlulfe** et **Cotron.**

Chroniques de France. Paris, Pasquier Bonhomme, 1476, 3 vol. in-f°.

Chronique Martiniane. Paris, Vérard, vers 1503, 2 vol. in-f°.

Clairambault (P. de). *Inventaire des Chartes du Trésor du Roi.* 2 vol. in-f°. Bibl, nation., mss.

— *Titres scellés. Ibid.*

Collection Doat. Ms. à la Bibl. nation.

Collection de Picardie. Voyez dom **Grenier.**

Collection Moreau. 280 vol. in-f°. Bibl. nation., mss.

Cotron. *Chronici centulensis continuatio.* Bibl. nation., mss. lat., n° 12890.

D

Daniel (le Père). *Hist. de France.* Paris, 1713, 3 vol. in-f°.

Delisle (Léop.). *Mandements et act. div. de Charles V.* Paris, 1874, in-4°.

Demay (G.). *Inventaire des sceaux de l'Artois et de la Picardie.* Paris, 1876, in-4°.

Dénombrement de la pairie de Bouberch, 1343. Aux Archiv. nation., R¹, n° 19656.

Registre des dénombrements. Aux Arch. nation., P 135-137.

Dessales (Louis). *Rançon du roi Jean.* Paris 1850, in-8°.

De Vérité. *Hist. du comté de Ponthieu.* Londres et Abbeville, 1765. 2 vol. in-12.

Du Boulay. *Hist. de l'université de Paris.* 1665-1673, 6 vol. in-f°. .

Du Cange. *Glossarium mediæ et infimæ latinitatis.*

— *Glossarium Gallicum.*

— Voyez **La Morlière.**

Du Chesne (André). *Manuscrits.* Bibl. nation., mss.

— *Hist. de la maison de Guines,* 1631, in-f°.

— *Historiæ Normannorum scriptores,* 1619, in-f°.

— *Hist. de la maison de Chastillon.* Paris, 1621, in-f°.

Dufour (Ch.). *Descript. de la pierre tumul. du ch{er} Rob. de Bouberch.* Dans le tome v des *Mém. de la Soc. des ant. de Pic.*

Dupleix (Scipion). *Hist. générale de France.* Paris. 1629, 3 vol. in-f°.

Duruy. *Hist. de France*. Paris, 1852, 2 vol. in-12.

Du Tillet, greffier du Parlement de Paris. *Recueil des guerres et traictez d'entre les rois de France et d'Angleterre.* Paris, 1588, in-f°.

— *Recueil des rois de France, leur couronne et maison.* Paris, 1618, in-f°.

Du Tillet (Jean), évêque de Meaux, frère du précédent. *Chronicon de regibus Francorum.* Paris, 1545, in-f°.

E

Emili (Paul). *De rebus gestis Francorum libri IV.* 1539, in-f°. Trad. franç. par Renard, 1581.

Etat des fiefs et arr.-fiefs du Ponthieu. Dans la *Coll. de Picardie*, t. LIX, f° 234-268.

Etat present de la nobl. franç., 4° éd. Paris, Bachelin-Deflorenne, 1873-1874, gr. in-8°.

F

Faber (J.-P.). *Les bords de la Somme.* Paris, 1861, in-12.

— *Veillées picardes, récits hist. et légendaires de la France.* Paris, 1860, in-12.

Filleau et de **Chergé.** *Dict. hist. et généal. des familles de l'anc. Poitou.* 1840-1854, 2 vol. in-8°.

Flodoard. *Chronique.* Dans la coll. de dom Bouquet.

Formentin (D.-F.). *Hist. généal. et chron. des comtes de Ponthieu.* Ms. à la Bibl. d'Abbeville.

Froissart. *Chronique.* A la Bibl. nation., dép. des mss., fonds franç., n° 6477.

— Voyez **Buchon, Kervyn, Rigollot.**

G

Gaguin (Robert). *Compendium suprà francorum gestis.* Paris, 1497, in-f°.

— *Les grandes Chroniques.* Paris, Galliot du Pré, 1514, in-f°.

Gaillard (G.-H.). *Hist. de la rivalité de la France et de l'Angl.* Paris, 1820, 4 vol. in-8°.

Gallia Christiana, par Scévole et Louis de St^c-Marthe.

Gams. *Series episcoporum.* 1867, in-4°.

Genoude (E. de). *Hist. de France.* Paris, 1844-1848, 23 vol. in-8°.

Gerlache (le baron de). *Hist. de Liège depuis César jusqu'à Maximilien de Bavière.* Bruxelles, 1843, in-8°.

Giles (J.-A.). **Galfridi le Baker de Swinbroke** *chronicon angliæ temporibus Edwardi II et Edwardi III.* Londres, 1847, in-8°.

Gilles (Nicole). *Les très-élégantes, très-véridiques et copieuses annales,* etc. Paris, Galiot du Pré, 1525, in-f°.

Godefroy (Denis). *Hist. de Charles VIII.* Paris, 1684, in-f°.

Grans croniques de France. Paris, Guill. Eustace, 1514, 3 vol. in-f°.

Grenier (dom). *Collection de Picardie.* 300 vol. in-f°. Bibl. nation., mss.

H

Haillan (du). *Hist. de France.* Paris, 1615, 2 vol. in-f°.

Hariulfe. *Chronicon sancti Richarii.* Bibl. nation., ms. lat., n° 11733.

Haudicquer de Blancourt. *Nobil. de Picardie,* in-4°.

Hemricourt (Jacques de). *Le miroir des nobles de Hesbaye.* Bruxelles, 1673, in-f°.

Hénault (le prés^t). *Abrégé chronol. de l'hist. de France.* Paris, 1744, in-4°.

Hist. des rois Philippe de Valois, Jean II et Charles V. Bibl. nation., mss. franç., n° 23143.

Hozier (d'). *L'impôt du sang ou la noblesse française sur les champs de bataille.* Publ. par M. Louis Paris, d'après le ms. du Louvre qui a été brûlé pendant la Commune, en 1871. Paris, 1875-1877, 8 vol. in-8°.

I

Ignace Sanson (le Père). *Hist. ecclésiastique d'Abbeville.* 1646, in-4°.

— *Hist. généal. des comtes de Ponthieu et des maïeurs d'Abb.* Paris, 1657, in-f°.

Indicateur nobiliaire de France, Belgique, etc. Paris, Bachelin-Deflorenne, 1869, in-8°.

Isambert, Decruzy et **Jourdan.** *Recueil général des anc. lois franç.* Paris, 1821-1823, 29 vol. in-8°.

K

Kervin de Lettenhove (le baron de). *Œuvres de Froissart.* Bruxelles, 1862-1877, 27 vol. in-8°.

— *Du vicariat impérial conféré à Edouard III.* Bruxelles, 1874. in-8°.

L

La Chesnaye des Bois (Aubert de). *Dict. de la Noblesse.* Edition de Magny, 1860, 15 vol. in-4°.

Lainé. *Généalogie de la maison du Hamel.* Paris, 1834, 2 vol. in-8°.

La Monnoye (B. de). *Ménagiana.* Amst., 1716, 3 vol. in-18.

La Morlière (Adr. de). *Hist. des antiquités d'Amiens.* 1627, in-f°.

— Le même ouvr. annoté à la main par Du Cange. Bibl. nation., ms. fr., n° 9475.

— Recueil de plus. nobles et illustr. maisons, etc. Amiens, 1630, in-4°.

La Roque (G.-A. de). *Traité de la Noblesse.* Paris, 1714, in-4°.

— *Traité de l'origine des noms.* Dans l'ouvrage précité.

— *Traité du ban et de l'arr.-ban.* 1676, in-12.

La Thaumassière (G. Thaumas de). *Hist. de Berry.* 1689, in-f°.

Layettes Ponthieu. Aux Arch. nation.

Le Bel (Jehan). *Chroniques.* Voyez **Polain.**

Le Blon. *(Œuvres généalog.* A la Bibl. royale de Belgique. n° 5692.

Le Charpentier (Jean). *Hist. généal. de la nobl. des Pays-Bas.* Leyde, 1664, 2 vol. in-4°.

Lelong (le Père). *Bibl. hist. de la France.* Paris, 1768, 5 vol. in-f°.

Le Pez (dom). *Manuscrits.* A la Bibl. d'Arras.

Le Roux de Lincy. *Recueil de chants hist. français depuis le XII° jusqu'au XVIII° siècle.* Paris, 1841, 2 vol. in-12.

Lettres et mémoires particulièrement relatifs au traité de Bretigny. Bibl. nation., mss. fr., n° 2699.

Lettres et traités des rois Jean et Charles V. Ibid., n° 23592.

Liste des juges et consuls des marchands establis en la ville d'Abbeville. Dans la *Coll. de Pic.*, t. XLVII, f° 271-275.

Longman (Will.). History of Edward III. 1869, 2 vol. in-8°

Louandre (C.-F.). *Hist. d'Abbeville et du comté de Ponthieu.* 1844, 2 vol. in-8°.

— *Les mayeurs et les maires d'Abb.* Abb. 1851, in-8°.

Louandre (Charles). *La France du Nord.* Dans la *Revue des Deux-Mondes*, 1873.

— *Notice historique.* (Souscription pour l'érection d'une statue au patriote Ringois.) Abb., Paillart, 1877, in-12.

Luçay (le comte de). *Le comté de Clermont en Beauvaisis.* Paris, 1878, in-8°.

Luce (Siméon). *Chron. des quatre premiers Valois (1327-1393).* Paris, 1862, in-8°.

— *Chroniq. de Froissart,* 1869. 6 vol. in-8°.

M

Mabillon. *Vetera Analecta.* 1675, in-f°.

Masson (Papire). *Annalium libri IV quibus res gestæ Francorum explicantur.* Paris, 1577, in-f°.

Matières ecclésiastiques. Bibl. nation., mss. lat. n° 11926.

Menestrier (Claude). *Origine des noms.* Paris, 1682, in-12.

Mer des hystoires et cronicques de France (la). Paris, Michel le Noir, 1518, in-f°.

Mézeray (Eudes de). *Hist. de France.* Paris, 1643, 3 vol. in-f°.

Monstrelet (Eng. de). *Chronique.* Dans la *Coll. Buchon.*

Montreuil (Jean de). *Pretentiones Edwardi regis Angliæ ad coronam Franciæ.* Bibl. nation., ms. lat. n° 18337.

Moreau. Voyez *Collection Moreau.*

Muratori. *Rerum Italicarum scriptores.* Milan. 1723-1751. 29 vol. in-f°.

N

Nangis (Guill. de). *Chronique.* Bibl. nation., mss. fr., n°ˢ 2598 et 17267.

Noël (François). *Dict. étymol., crit., hist.,* etc. Paris, Le Normant, 1857, 2 vol. in-8°.

O

Obituaire de Saint-Vulfran d'Abbeville. Bibl. nation., mss. lat., n° 10113.

— *Idem*, dans le tome ccc de la *Coll. de Picardie*.

Obituaire du Saint-Sépulcre d'Abbeville. Bibl. nation., mss, lat., n° 10114.

P

Pâris (Mathieu). *Hist. major Angliæ*. Londres, 1640, in-f°. Trad. franç. par Huillard-Bréholles, avec introd. par M. de Luynes. Paris, 1840-1841, 9 vol. in-8°

Paris (Louis). Voyez d'**Hozier.**

Paris (Paulin) et **Mennechet** (Edouard). *Les grandes chroniques de France selon que elles sont conservées à Saint-Denis.* Paris, 1838, 6 vol. in-12.

Picardie (la), revue hist. et littéraire.

Pièces originales. A la Bibl. nation., mss. (Collection alphabétique.)

Pièces sur l'hist. de France. Bibl. nation., mss. fr., n° 1113.

Piers (H.). *Hist. de l'arr. de Saint-Omer*. 1840, in-12.

Pincedé. *Recueil*. A la Bibl. de Dijon, ms.

Pisan (Christine de). *Le livre des faiz du sage roy Charles.* Dans la *Coll. Buchon.*

Polain (L.). *Les vrayes chroniques de messire Jehan le Bel (1326-1361)*. Bruxelles, 1863, 2 vol. in-8°.

Poli (le vicomte Oscar de). *Vaudouan, chroniques du Bas-Berry*. Paris, 1865, in-12.

— *Les seigneurs de la Rivière-Bourdet*. Paris, Dumoulin, 1866, in-8°.

— *Des origines du royaume d'Yvetot*. Paris, Amiot, 1862, in-8°.

Prarond (Ern.). *Notices sur les rues d'Abbeville*. Abb., 1850, in-12.

— *Les hommes utiles de l'arr. d'Abb*. Amiens, 1858, in-8°.

— *Catalogue des gardes du scel*, etc. Voyez *Catalogue.*

R

Rietstap (J.-B.). *Armorial général.* Gouda, 1861, in-8°.

Rigollot. *Mém. sur le ms. de Froissart de la Bibl. d'Amiens.* Dans le tome III des *Mém. de la Soc. des ant. de Picardie.*

Roger (P.). *Noblesse et chevalerie du comté de Flandre, d'Artois et de Picardie,* in-8°.

— *Bibl. hist. et ecclés. de la Pic. et de l'Artois.* Amiens, 1842, 2 vol. in-8°.

Rôles du fief de la Broye. Ms. du XVII° siècle, à la libr. Bachelin Deflorenne.

Roquefort (J.-B.). *Glossaire de la langue romane.* Paris, 1818-1820, 4 vol. in-8°.

Rosny (L. Eug. de la Gorgue de). *Recherch. généalog.* Boulogne, 1874, 4 vol. in-8°

Rousseville (de). *Rech. sur la nobl. de Picardie.* 1669, gr. in-f°.

Ruelle (Emile) et **Huillard-Bréholles.** *Hist. générale du Moyen-Age.* Paris, Dezobry, 1842, 2 vol. in-8°.

Rumet (Nic.). *Hist. Picardiæ.* A la Bibl. nation. dép. des mss. fonds lat., n° 12888.

— Extraits de *l'Hist. Pic.,* dans le tome XVIII des mss. d'André Duchesne.

— *Chronique du pays et comté de Ponthieu.* Dans le tome XXXVII de la *Coll. de Picardie.*

— Abrégé de la *Chron. du pays et comté de Ponthieu. Ibid.,* t. LVII.

— Le même. Ms. app. à M. A. de Caïeu, juge au Trib. d'Abbeville.

Rymer (Thomas). *Fœdera, conventiones, litteræ et cujuscumque generis Acta publica ab anno 1066,* etc. Londres, 1735, 17 vol. in-f°.

S

Saint-Allais (Viton de). *Nobil. universel*, 1877, 21 vol. in-8°.

Sainte-Palaye (J.-B. de la Curne de). *Glossaire franç.* Bibl. nation., mss.

Sars de Solmon (Cas. de). *Rec. de généalogies, fragments. notes et épitaphes des prov. du Nord*, etc. Ms. à la Bibl. de Valenciennes.

Secousse, Laurière, Bréquigny, Pardessus. *Ordonnances des rois de France*, 21 vol. in-f°.

Séguier (manuscrits du chancelier). Cités par Chérin.

Serres (Jean de). *Inventaire général de l'hist. de France.* Paris, 1597, in-f°.

— *Hist. de France.* Paris, 1660, 2 vol. in-f°.

Société des Antiquaires de Normandie. *Mémoires.*

Société des Antiquaires de Picardie. *Mémoires.*

Société Académique de l'Oise. *Mémoires.*

T

Tablettes hist., généal. et chronol. Paris, 1749, 3 vol. in-16.

Tailliar. *La féodalité en Picardie* (Cartulaire du temps de Philippe-Auguste). Amiens, 1868. in-8°.

Tarnier (E.-A.). *Essai sur le Plutarque de l'armée française.* Paris, 1876, in-8°.

Terrier du comté de Ponthieu. Bibl. nation., mss. lat., n° 10112.

Terrier du Loray (le marquis). *Jean de Vienne, amiral de France.* Paris, 1877, in-8°.

Teulet (Alex.). *Layettes du Trésor des Chartes.* Paris, 1863, 3 vol. in-4°.

Thierry (Augustin). *Hist. de la conquête de l'Angl. par les Normands.* Paris, 1821, 4 vol. in-8°.

Trésor des Chartes (Registres du). Aux Arch. nation.

Triomphe des neuf preux (le). Abbeville, Pierre Gérard, 1487, in-4°

V

Van Drival, *Nécrol. de l'abb. de St Vaast.* Arras, 1878, in-8°.

Van Praët. *Rech. sur les ouvr. qui composèrent la bibl. de Louis de Bruges.* Paris, De Bure, 1831, in-8°.

Van Robais (Armand). *Les comtes de Ponthieu ont-ils battu monnaie à Quentowic?* Saint-Omer, 1875, in-8°.

Velly, Villaret et **Garnier.** *Hist. de France,* 1756-1759, 30 vol. in-12.

Vian (Louis). *La particule nobiliaire,* 2e éd , Paris, 1868, in-8°.

Vigneul de Marville. *Mélanges d'hist. et de littérature.* Paris, 1725, 4 vol. in-12.

Virgile (Polydore). *Angliæ hist. libri XXVI,* 1534, in-f°.
— *Hist. Anglicanæ libri XXVI,* 1669, in-f°.

W

Walsingham (Thomas). *Hist. brevis.* Londres, 1574, in-f°.

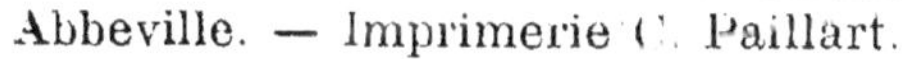

Abbeville. — Imprimerie C. Paillart.